向死而生——生命教育导论

何仁富　但汉国　张永超　主编

中国广播影视出版社

图书在版编目（CIP）数据

向死而生：生命教育导论 / 何仁富，但汉国，张永超主编 . -- 北京：中国广播影视出版社，2023.6
ISBN 978-7-5043-9006-6

Ⅰ．①向… Ⅱ．①何… ②但… ③张… Ⅲ．①生命哲学—教学研究 Ⅳ．① B083

中国国家版本馆 CIP 数据核字（2023）第 088364 号

向死而生——生命教育导论
何仁富　但汉国　张永超　主编

责任编辑	许珊珊　刘雨桥
责任校对	张　哲
封面设计	贝壳学术
出版发行	中国广播影视出版社
电　　话	010-86093580　010-86093583
社　　址	北京市西城区真武庙二条 9 号
邮　　编	100045
网　　址	www.crtp.com.cn
电子信箱	crtp8@sina.com
经　　销	全国各地新华书店
印　　刷	天津雅泽印刷有限公司
开　　本	710 毫米 × 1000 毫米　1/16
字　　数	210（千）字
印　　张	17.5
版　　次	2023 年 6 月第 1 版　2023 年 6 月第 1 次印刷
书　　号	ISBN 978-7-5043-9006-6
定　　价	85.00 元

（版权所有　翻印必究·印装有误　负责调换）

前　言

2020年春节前夕，在中华民族最为看重的春节假日期间，我们突然陷入"新型冠状病毒引起的肺炎疫情"防控的境况，不管你愿意还是不愿意，也不管你是主动还是被动，这就像我们来到这个世界时的境况，我们是在没有被征求意见的情况下被直接"抛掷"到这个现实世界。但是，不管你愿不愿意，在已经成为现实的境况下，你都不得不接受当下的现实，并在现实中安顿好自己的生命，而生命的安顿，本质上其实就是省思、调整与处理生命关系，并建构和谐有序的生命关系。

在新冠肺炎疫情防控视域下，需要省思和安顿的，首先是人与自我的生命关系。因为在日常生活中，自我的大多数时间都被卷入现实的各种生命与非生命关系中，人很难抽身出来而直面自我。但是，在疫情防控的境况中，每一个人的很多现实关系被阻断了，不得不独处，或者更具体地说，是自己和自己相处。当此之时，一种原本具有本质性的生命关系就会凸显出来，这就是人与自我的生命关系。

本次新冠肺炎疫情发生的时间点，正好是中国最重要的传统节日——

春节。由于普通民众主要是居家防护，这就给了大家一次非常独特的个人与家人的长时间、小空间相处的机会，也使得我们可以重新认真审视我们作为个体生命与家庭、家族、家人生命的独特关系和意义。疫情防控期间，我们不得不体味较长时间自己与自己相处的自我生命关系，其实更多的是，我们需要体会现代社会难得的长时间与家人待在一起的家庭生命关系。

在疫情防控中，尽管普遍是居家防控，但是，防控所需、治疗所需，又呈现出了两种独特的人与他人的生命关系：一方面，我们每个人在离开家与他人接触时，即使是在买菜、购物等最基本的人际需求中，都尽可能戴口罩，保持适当距离，人与人之间因为病毒传播的可能性而不得不（不管是自己需要还是他人需要）保持适当的距离；另一方面，来自全国各地及解放军的一批又一批医护人员，他们受命到疫情发生地驰援，参与疾病治疗，他们作为当下社会生活所形成的独特人际关系的逆行者，在传递着另一种人与他人生命关系的声音。同时，疫情的暴发，也让我们不得不认真思考和审视我们与世界上的非人存在物（不论是动物还是植物、微生物，有机物还是无机物）以及与整个自然世界的关系。

疫情以来，每天变化的疑似病例、确诊病例以及死亡人数，让人们充分感受到死亡对生命的巨大威胁。不管是居家隔离的自我防控还是对确诊病例的集中隔离治疗，在现实中，我们和病毒战斗，在打一场"战疫"。但更深层次的，也是我们在和死亡、死亡恐惧、死亡焦虑作战。因此，反思和觉察我们生命本身的死亡属性，对生死幽明做自觉的省思，是我们安顿生命的必要功课。

在抗击新冠肺炎疫情的过程中，生命教育、生死教育成为现实的社会需要、生命需要。我们需要了解和理解自我生命的起源、出生、成长乃至死亡的生命逻辑，我们需要了解和理解个体生命在现实生命关系中向不同方向和维度展开的含义和价值，我们需要了解和理解人最后必然要死亡这样的终极命运对现实人生的考验和意义。正是在这种大背景下，正是带着这样的问题意识，我们编写了这本《向死而生——生命教育导论》。

本书是以生命教育为理念而涵盖生死教育的生命教育类图书。全书总共十章，兼顾生命作为一个过程的历时向度和作为一个关系中的个体共时性向度，大体可以分为三个单元。

第一、二、三章是一个单元，侧重从历时性视角了解和理解生命。第一章"生命起源"将个体生命、人的生命纳入宇宙大时空来审视，以避免我们在谈论"生命"时陷入可能有的"人类中心主义"和"绝对个人主义"泥潭。第二章"生命诞生"是要我们明白，作为个体生命，我们是有"来头"的，不是无中生有的，其中涉及性教育、婚姻与生育观的教育议题，都是对生命教育的拓展。第三章"生命成长"则以"三次断奶"的视角审视生命成长的基本过程，强调每一个成长阶段的生命都有其独特的生命任务和应该承担的生命道义。

第四、五、六、七章是一个单元，侧重从共时性视角了解和理解生命。第四章"生命成熟"基于生命教育的基本理念，将生命的成熟理解为充满爱的生命关系的建构，并展示出个体生命的基本生命关系。第五章"生命格局"则从人伦、人格、人性几个维度，展现个体生命应该具有的宽度、高度和亮度。第六章"生命价值"以人的生命对真善美的向往追求呈现个体生命在自然肉体、个性心理、灵性精神几个层面所具有的存在性、实现性和超越性价值。第七章"生命境遇"则将生命存在的"应然"放到"实然"的视角审视，分析个体生命在现实的生命境遇中可能遭遇的挫折和生命困顿，以及超越生命困顿的生命力的涵养。

　　第八、九、十章是一个单元，侧重从生死视域和"向死而生"的视角来了解和理解生命。第八章"生命衰老"，不是将"老化"看作生命存在的自我异化，而是视为生命的成熟果实，是个体生命存在、发展、超越的自然结果，以唤醒我们对老年、老人、老化的生命关照。第九章"生命死亡"将死亡视为生命的一部分，而且是自然而然的一部分，并将中国传统文化中人们美好生活向往的"善终"以现代医疗背景下的尊严死亡方式呈现出来。第十章"生命传承"则将"死亡的生命"再接引回来，强调丧葬、祭祀之礼所带来的生死感通、生死传承所昭示的生命的永恒价值。

　　作为大众性、普及性的生命教育类图书，本书坚持知识性与思想性相结合、可读性与适读性相结合。作者群是大学教师和中学教师，以浙江传媒学院和重庆江北中学的生命教育团队的教师为主，另有北京物资学院的雷爱民博士、上海师范大学的张永超博士、四川盐边中学的田维富老师、长宁中学的万光华老师参与撰写。全书由主编提出整体构思和框架，然后由作者分别撰写，再统稿修订。各章作者如下：

　　第一章　生命起源：宇宙存在的奇迹（四川盐边中学　田维富）

　　第二章　生命诞生：个体生命的起点（重庆江北中学　任光辉）

　　第三章　生命成长：生命是一个过程（四川长宁中学　万光华）

　　第四章　生命成熟：成为真实的生命（上海师范大学　张永超）

　　第五章　生命格局：生命该如何量度（浙江传媒学院　李琼瑶）

　　第六章　生命价值：生命该如何呈现（重庆江北中学　张利群）

　　第七章　生命境遇：直面生命的挑战（浙江传媒学院　张方圆）

　　第八章　生命衰老：善待生命的果实（重庆江北中学　彭莉）

第九章　生命死亡：接受生命的自然（北京物资学院　雷爱民）

第十章　生命传承：走向生命的永恒（浙江传媒学院　马九福）

　　本书是由浙江传媒学院何仁富教授、重庆江北中学但汉国校长、上海师范大学张永超教授共同主编，历经一年多成稿，又历经一年多才有机会出版。特别感谢各位作者的辛勤付出！

浙江传媒学院　何仁富

目 录

第一章 生命起源：宇宙存在的奇迹 / 1

第一节 宇宙：生命的基础 / 1
一、宇宙从何而来 / 2
二、宇宙是天体结构系统 / 5

第二节 谜团：生命的起源 / 8
一、生命起源的神创论 / 9
二、生命演化的进化论 / 11
三、生命传承的基因论 / 14

第三节 生命：宇宙的奇迹 / 17
一、非人的生命世界 / 18
二、追求意义的生命世界 / 21

第二章 生命诞生：个体生命的起点 / 27

第一节 两性与生育 / 28
一、身体与两性 / 28
二、爱情与婚姻 / 31
三、家庭与生育 / 33

第二节 怀孕与出生 / 37

一、受孕——生命的发生 / 37

二、妊娠——生命的酝酿 / 38

三、分娩——生命的降临 / 39

第三节 关注性健康 / 42

一、生理健康 / 43

二、心理健康 / 44

三、行为健康 / 45

第四节 现代生育伦理 / 48

一、男女平等 / 49

二、优生优育 / 51

三、辅助生殖技术的伦理问题 / 52

第三章 生命成长：生命是一个过程 / 57

第一节 生命成长的八个阶段 / 58

一、生命成长与生命任务 / 58

二、青年以前的生命成长 / 59

三、青年以后的生命成长 / 62

第二节 生命成长的三次断奶 / 64

一、"断奶"的生命意涵 / 65

二、生理断奶与心理断奶 / 66

三、精神断奶与精神成人 / 68

第三节 全人健康的生命成长 / 72

一、"自然生理生命"的健康成长 / 73

二、"个性心理生命"的健康成长 / 74

三、"灵性精神生命"的健康成长 / 76

第四章　生命成熟：成为真实的生命　/　81

第一节　生命成熟　/　81
一、"生命成熟"的内涵　/　82
二、走向"生命成熟"的方式　/　83

第二节　成熟的个体生命　/　87
一、认识自然生命，促进身体健康　/　88
二、认识心理生命，维护心理健康　/　90

第三节　成熟的生命关系　/　96
一、家庭作为我们的生命关系　/　97
二、学校作为我们的生命关系　/　100

第五章　生命格局：生命该如何量度　/　107

第一节　人伦与生命的宽度　/　107
一、人不能没有家庭意识　/　108
二、亲情关系的自然性与道义性　/　109
三、家庭人伦中的孝道精神　/　111
四、从家庭之爱到社会之爱　/　113

第二节　人格与生命的高度　/　116
一、顶天立地的人格向往　/　116
二、"修己以敬"的成己　/　118
三、"修己以安人"的成人　/　119
四、"修己以安百姓"的成物　/　120

第三节　人性与生命的亮度　/　123
一、心性与性情　/　124
二、向善的人性立场　/　126

三、把人当人看的人道立场 / 127

第六章　生命价值：生命该如何呈现 / 131

第一节　确立生命的核心信念 / 132
一、生命与真善美 / 132
二、生命的神圣与尊严 / 134
三、追求生命的崇高 / 135

第二节　实现生命的多元价值 / 139
一、生命的存在性价值 / 140
二、生命的实现性价值 / 142
三、生命的超越性价值 / 144

第三节　建构生命的丰富意义 / 147
一、生命的意义需要建构 / 147
二、建构生命的自然意义 / 149
三、建构生命的社会意义 / 150
四、推动建设人类命运共同体 / 151

第七章　生命境遇：直面生命的挑战 / 157

第一节　生命的失落与圆满 / 157
一、失落作为生命中的缺憾 / 158
二、失落的反应和表现 / 159
三、走过失落重建生命的意义 / 161

第二节　生命的挫折与困顿 / 165
一、挫折是人生的常态 / 165
二、面对挫折的可能反应 / 167

| 目 录 |

　　三、直面挫折的生命态度 / 168

第三节　超越生命困顿陷阱 / 172
　　一、认识生命困顿：生活中的黑暗泥沼 / 173
　　二、直面生命困顿：生命中不能承受之重 / 175
　　三、超越生命困顿：点亮智慧的心灯 / 177

第八章　生命衰老：善待生命的果实 / 183

第一节　生命的生老病死 / 183
　　一、生老病死的生命规律 / 184
　　二、老龄化社会的生命意涵 / 185

第二节　老年人的生命特征 / 192
　　一、老年人的生命变化 / 192
　　二、老年人的生命反应 / 194
　　三、老年人的生命态度 / 195
　　四、老年人的生命任务 / 197
　　五、规划好人生的最后时光 / 199

第三节　尊长孝亲与陪伴老人 / 203
　　一、孝道是中华文化的优秀传统 / 203
　　二、传统孝道的现代意义 / 204
　　三、尊长孝亲的社会风尚 / 206

第九章　生命死亡：接受生命的自然 / 211

第一节　死亡是生命的归宿 / 212
　　一、事物的生成、毁灭 / 212
　　二、人类生命的自然死亡 / 214

5

第二节　死亡恐惧与生命自觉 / 217

一、回避死亡现象 / 218

二、自觉直面死亡 / 220

第三节　自然死亡与尊严死亡 / 223

一、现代人的死亡 / 224

二、生命的尊严与死亡的尊严 / 227

第四节　死亡准备与人生告别 / 229

一、让死亡回归生命 / 230

二、随时准备人生谢幕 / 233

第十章　生命传承：走向生命的永恒 / 237

第一节　丧葬仪式的生命意义 / 237

一、中国传统丧葬仪式 / 238

二、现代丧葬仪式的变化 / 240

三、丧葬仪式的生命意义 / 243

第二节　祭祀礼仪与生命传承 / 247

一、中国传统祭祀礼仪 / 248

二、祭祀礼仪与生命传承 / 250

第三节　生死态度与生命意义 / 256

一、生死互渗的生死观念 / 256

二、生死态度的价值选择 / 258

三、生命意义的追寻建构 / 259

后　记 / 263

第一章　生命起源：宇宙存在的奇迹

"生命"是一个我们使用频率非常高的词。通常，我们将有生命的存在物称为生物。没有人确切知道地球上有多少种生物，甚至有人说，地球上的生命基本上仍处于未知领域。目前，已经被命名的物种有170多万种，但生物分类学家推测地球上的生物有500万到1亿种。如此丰富、复杂的生命世界，到底是如何来的呢？我们不得不将探视生命的视野先移到它存在的背景和基础——宇宙上。

第一节　宇宙：生命的基础

【生命导航】

个体生命虽小，却与浩瀚的宇宙密切相关。人生的旅程是漫长而寂寞的,而旅行的环境就是宇宙时空。时间和空间构成了宇宙。与我们相随的,首先就是时间。时间伴随着我们的生命旅程,过去、现在和未来是人生旅程的"坐骑"。人的身体在宇宙中是渺小的,但人的心灵与宇宙一样,是无穷尽的。身体是天地之气往来之枢,人的生命之流与宇宙生命之流是相通的。从生命的起源来看,弱小单一的个体生命,具有强大无限的宇宙性。因此,我们在探究地球生命起源时,必须先探讨宇宙生命。

【生命课堂】

一、宇宙从何而来

每当夜幕降临,仰望星空,茫茫星海里隐藏着我们的好奇心。人天生就是"追星族"。有时不禁会问,这就是宇宙吗?宇宙是由这些看得见的星星组成的吗?宇宙为何是这个样子?它从何处来,又向何处去?宇宙是有限的,还是无限的?宇宙是无限延伸的吗?时间会终结吗?我们的宇宙会不会终结?这一连串的问题,引发我们思考。

宇宙学集中研究宇宙的主要特征和普遍性质,把宇宙这个复杂的对象化为比较简单的模型,加以比较、分析和研究。牛顿(Newton,1643—1727)是最早用科学方法研究宇宙问题的科学家之一。他建立了牛顿静态宇宙模型。他认为,绝对空间是静止不动的,绝对时间是永远流逝的;空间和时间都是永无止境的,不存在起源的问题。当时,牛顿静态宇宙模型被人们普遍接受。1846年,海王星的发现使牛顿力学体系更加完善。

| 第一章　生命起源：宇宙存在的奇迹 |

但在物理学的晴空中，还有两朵小小的、令人不安的乌云，也就是马克斯·普朗克（Max Planck，1858—1947）关于黑体热辐射的实验和阿尔伯特·亚伯拉罕·迈克尔逊（Albert Abraham Michelson，1852—1931）、爱德华·莫雷（Edward Morley，1838—1923）的光干涉实验。这两朵小小的乌云竟然让整座经典物理学的大厦为之动摇，预示着量子力学和相对论将成为用来描述自然界规律更精确、更全面的理论。牛顿静态宇宙模型暴露出了一些不能自洽的问题。1826年，德国的奥伯斯（Olbers，1758—1840）提出"奥伯斯佯谬"，使牛顿静态宇宙模型陷入困境。直到1917年，爱因斯坦（Einstein，1879—1955）根据广义相对论提出有限无界宇宙模型，牛顿静态宇宙观受到冲击。这个模型认为宇宙是一个有限无边的封闭宇宙，宇宙的半径是有限的，模型里的物质不运动，是静态宇宙模型。该模型开创了现代宇宙学的先河。1922年，弗里德曼（Фридман，1888—1925）发现宇宙是缓慢膨胀的或者脉动的（膨胀与收缩交替进行），而不是静态的。1929年，爱德文·鲍威尔·哈勃（Edwin Powell Hubble，1889—1953）证实了这一点。

根据哈勃定律，星系分离的速度跟它们之间的距离成正比。由此推测，在时间上往回追溯，宇宙中的物质必定在过去某一时刻是集结在一起的，密度极高。人们把红移的现象归结为宇宙的膨胀，并推论宇宙是由100多亿年前的一次大爆炸产生的。1932年，比利时的勒梅特（A.G.Lemaitre，1894—1966）提出"原始原子"爆炸起源的假说。根据这个假说，宇宙是由一个极端高热、极端压缩状态的"原始原子"产生的。1948年，伽莫夫（G.Gamow，1904—1968）等人又将宇宙膨胀跟元素形成联系起来，建立起了第一个热大爆炸的观念。后来，这个大爆炸宇宙论被称作"标准宇宙模型"，被载入科学发展的史册。

根据大爆炸宇宙论，早期的宇宙是一大片由微观粒子构成的均匀气体，温度极高，密度极大，且以很大的速率膨胀。这些气体在热平衡下有均匀的温度。均匀的温度是当时宇宙状态的重要标志，因而称为宇宙温度。气体的绝热膨胀将使温度降低，使原子核、原子乃至恒星系统得以相继出现。

宇宙从大爆炸起就始终在演化着。根据热大爆炸宇宙理论的推算，大爆炸后约3分钟宇宙中出现了复核原子核，大爆炸后100万年宇宙中出现了原子，大爆炸后10亿年宇宙中出现了星系和恒星，大爆炸后约100亿年左右太阳和地球诞生了。

通过一系列创造性的研究工作，宇宙学家们为我们勾画出这样一部宇宙历史，说明了"宇宙的创生"[1]：

在大爆炸前，约137亿年前，极小体积，极高密度，极高温度，称为"奇点"；

在大爆炸前 10^{-43} 秒，宇宙从量子涨落背景出现，时空量子化，时空没有独立形成；

在大爆炸前 10^{-35} 秒，引力分离，夸克、玻色子、轻子形成；

在大爆炸前 10^{-5} 秒，温度约10万亿开，质子和中子形成；

在大爆炸后0.01秒，温度约1000亿开，以光子、电子、中微子为主，而质子中子仅占10亿分之一，热平衡态，体系急剧膨胀，温度和密度不断下降；

在大爆炸后0.1秒，温度约300亿开，中子质子比从1.0下降到0.61；

在大爆炸后1秒，温度约100亿开，中微子向外逃逸，正负电子湮

---

[1] 苏宜：《天文学新概论》，科学出版社，2019，第472—475页。

没反应出现，核力尚不能束缚中子和质子；

在大爆炸后 13.8 秒，温度约 30 亿开，氘、氦类稳定原子核（化学元素）形成；

在大爆炸后 3 分钟，温度约 9 亿开，中子和质子开始结合成较轻的原子核；

大爆炸后 30 万年，温度 4000 开，辐射和物质处于热平衡状态；

又过了几十亿年，中性原子在引力作用下逐渐凝聚为原星系，星系内物质又逐渐形成为恒星、行星等天体。

热大爆炸宇宙理论得到了星系红移、天体的年龄、宇宙微波背景辐射等宇宙观测事实的支持。对大爆炸宇宙论感兴趣的读者，可以进一步阅读有关的书籍，如，史蒂芬·霍金的《时间简史：从大爆炸到黑洞》，此书解答了时间有没有开端、空间有没有边界，讲述从大爆炸到黑洞的故事，探索了宇宙的起源和归宿。《时代周刊》曾这样评价霍金："尽管他那么无助地坐在轮椅上，他的思想却出色地邀游到广袤的时空，解开了宇宙之谜。"

二、宇宙是天体结构系统

天文学研究表明，地球、太阳系、银河系都有一个开端，并且必将有一个终结。根据恒星演化理论，可以推知最年老星系和恒星的年龄为 100 多亿年。而银河系对整个宇宙而言，实在是太小。宇宙很神奇，吸引着一代又一代的人不断去探索。

中国最早的哲学家老子曾默想和研究过"天"。古希腊哲学家泰勒斯（Thales，盛年约在公元前 585 年）因抬头研究星象，心无旁骛，竟然掉进了路边的水坑里，被正经过的姑娘嘲笑一番，说他只顾天上的事，忘了地上的事。德国哲学家康德（Kant，1724—1804）曾说，世界上最使人好奇和敬畏的两样东西就是头上的星空和心中的道德律。物理学家爱因斯坦曾说，对自然界"神秘而和谐"的探索和理解是他"永恒的欲望"，"对真理的追求要比对真理的占有更为可贵"。庞加莱（Poincaré，1854—1912）则认为"大自然的简单和深邃都是美"。可以说，探索宇宙是人类与生俱来的永恒欲望；探索宇宙的成果是人类集体智慧的结晶。

天文学是研究天体和宇宙的科学。天体是大气层以外的物体，包括日月星辰和人造天体。天体有物质密集的形态，如恒星、行星；有物质松散弥漫的形态，如星云；也有广延的连续形态，如辐射带、引力场。太阳系是以太阳为中心的天体系统，包括太阳、行星及其卫星、矮行星、彗星、流星、行星际物质。银河系中有恒星、星团、星云、星际物质。在银河系外面还有更多的河外星系、更广阔的时空和更高级别的天体系统。宇宙是一个有层次的天体结构系统，是全部时间、空间和所有天体的总和。宇宙的基本组成是恒星、黑洞、暗物质、暗能量。随着现代物理学的发展，物理学家们将推动宇宙加速膨胀的力称为暗能量，暗能量像一种均匀的背景存在于宇宙中，它在宇宙中起到了斥力的作用。

现在，我们用天文望远镜已经能观测到距离我们120亿光年的宇宙空间深处，但仍没有看到宇宙的边缘，而且科学家还发现宇宙正处于膨胀之中。我们的宇宙有多大呢？在2016年，科学家利用最先进的科研设备，计算出的宇宙半径约为453.4亿光年。

天文学让人类正确认识自己在自然界中的地位。在浩瀚的宇宙面前，地球是何等渺小，人类如沧海一粟，人的一生更是何其短暂。正因为如此，我们更应该学会敬畏生命、感恩生命、实现生命、提升生命、承担生命、超越生命，树立正确的生命观，选择正确的人生道路和人生模式，为自己的生命探寻方向,赋予未来以意义,活出人生的意义,促进生命的和谐发展,让生命走向辉煌。

总之,地球上的生命来源于宇宙生命,是宇宙生命的组成部分。地球上的生命,是在宇宙生命的基础上产生的,没有宇宙生命,就不会有地球上的生命。地球不是孤立的,它是宇宙的一个微小的组成部分,相对宇宙来说,它比一粒几乎看不见的微尘还要小。

【生命阅读】

20世纪初,斯里弗(Slipher,1875—1969)对漩涡星云光谱做过许多研究,发现谱线红移现象。红移在物理学和天文学领域,指物体的电磁辐射由于某种原因波长增加的现象,在可见光波段,表现为光谱的谱线朝红端移动了一段距离,即波长变长、频率降低。

在斯里弗观测的基础上,哈勃及其助手赫马森(Humason,1891—1972),对遥远星系的距离与红移进行了大量测量工作,发现远方星系的谱线均有红移,而且距离越远的星系,红移越大,于是得出重要的结论:星系看起来都在远离我们而去,且距离越远,远离的速度越快。星系的退行速度与距离大致呈线性关系 $V=H_0D$,H_0为哈勃常数。2009年美国国家航空航天局(NASA)发布最新哈勃常数测定值为74.2±3.6公里/秒·百万秒差距,D为星系与观察者之间的距离。这就是著名的哈勃定律或哈勃效应,它通常被用来推算遥远星系的距离,现已经应用到类星体或其他特殊星系上。

哈勃(Hubble,1889—1953),美国著名天文学家,研究现代宇宙理论最著名的人物之一,河外天文学的奠基人,提供宇宙膨胀实例证据的第一人。他是星系天文学的创始人和观测宇宙学的开拓者，被称为"星系天文学之父"。著作有《星云世界》《用观测手段探索宇宙学问题》等，两书都是现代天文学名著。哈勃对20世纪的天文学作出了许多贡献。其中最重大者有二：一是确认星系是与银河系相当的恒星系统，开创了星系天文学，建立了大尺度宇宙的新概念；二是发现了星系的红移和距离关系，促使现代宇宙学诞生。

【生命训练】

1. 写一写：星空观察日记。
2. 为什么说人类只是宇宙生命奇迹中的沧海一粟？

第二节　谜团：生命的起源

【生命导航】

生命从何而来？生命的起源是一个亘古未解之谜，千百年来，人们在破解这一谜底之时，遇到了不少难题，同时也见到了前所未有的光明。无论是宇宙学视野的生命起源论，还是宏观视野的生命进化论、微观视野的基因论，都给我们了解与理解生命，特别是了解与理解我们的自然肉体生命，提供了丰富的知识。哲学家认为，"猿进化为人"与"劳动创造了人"构成人类起源的辩证法。

第一章　生命起源：宇宙存在的奇迹

【生命课堂】

一、生命起源的神创论

时至今日，有关生命起源的问题仍处于不断的探索过程中，人类对它的真正认识与定论还是一个谜。有关人类的起源和进化有很多的猜测和假想，最早的是神创论，这是用来解释生命起源的一种理论，即人是由神创造而来的，将生命起源归因于超自然力量的干预，并认为物种是互不相关的，且是永恒不变的。

神创论起源于人类对大自然的无限敬畏。这种敬畏使人类在自然的改造与共存中，对自然的理解蒙上一层奇异的色彩。原始社会的社会生产力水平十分低下，人类面对难以琢磨和控制的自然界，产生一种神秘和敬畏的感情，而一些特殊的自然灾害现象，也容易引起惊奇和恐慌。人们由此幻想出世界上存在着某种超自然的神灵和魔力，并对之膜拜，自然在一定程度上被神化。这样，人们不安的情绪才得到宣泄、慰藉和安顿。神创论在世界各地的神话故事里都有记载。

马克思（Karl Heinrich Marx，1818—1883）曾讲过，神话是"通过人民的幻想用一种不自觉的艺术方式加工过的自然和社会本身"。一般而言，母系氏族社会后期和父系氏族社会时期是神话的黄金时期。神话是原始人类的综合意识形态，是他们对世界做出的最早探索，是他们求知欲望的最初表现，是他们对世界起源、宇宙模式、万物关系等的认识。

在我国，关于人类起源的神话，如女娲抟土造人。女娲用黄土和水，仿照自己的样子造出了一个个小泥人，她造了一批又一批，觉得太慢，于是用一根藤条，沾满泥浆，挥舞起来，一点一点地将泥浆洒在地上，都变成了人。为了让人类永远流传下去,她创造了嫁娶之礼,自己充当媒人,让人们懂得"造人"的方法,繁衍生息。直到这时,女娲才光荣退休。屈原在《楚辞·天问》里却质疑:"女娲有体,孰制匠之?"也就是说,女娲有身体,她是谁造的?问题直指世界是谁创造的?谁才是终极创造者?实际上,盘古和女娲都不是造物主,不是创世神,也就是说,在中华文明中终极创造者是缺位的。在世界神话的谱系里,女娲不是第一个神,也不是第一个人,甚至不是第一个女人。第一个女人是夏娃[①]。

古希腊是世界五大文明发源地之一,也是西方历史的开源。在希腊神话中,普罗米修斯和雅典娜两人合作创造了人类。普罗米修斯先用泥土造人,并提取动物心中的善恶放入泥人中。雅典娜再将灵魂和神圣的呼吸吹入泥人中。普罗米修斯还教给了人类各方面的知识,甚至还为人类偷来了火,并教会人们使用和保存。宙斯为此惩罚普罗米修斯,将他抓起来,锁在高加索山的悬崖上,每天让鹰啄食他的肝脏,使他经受永久的折磨。普罗米修斯盗火的故事,是造福人类者、追求光明与真理者大无畏的勇敢精神和献身精神的千古颂歌,也反映了火在人类发展史上所处的重要地位。

另外,上帝造人和亚当、夏娃堕落的宗教故事,围绕着神人关系和人对智慧的获得展开。犹太教《旧约》和基督教《圣经》都包含了两个神话起源故事,这两个故事被现今的犹太教和基督教所认可并信仰。在第一个神话故事中,上帝说:"让这儿出现光芒!"随后,光就出现了,在六天的时间里,上帝创造了天空、陆地、行星、太阳和月亮,以及包

---

① 易中天:《祖先》,浙江文艺出版社,2016,第7—8页。

括人类的所有动物。第七天上帝进入了安息。在第二个神话故事中，上帝在地面上创造了第一个人——亚当，上帝为亚当创造了一个人间乐园——伊甸园，让他无忧无虑地生活，但是禁止他吃下伊甸园里树上结的果实，这些果实来自善良和邪恶意识之树。亚当的生活太寂寞孤单，于是上帝从亚当身体里抽出一根肋骨创造了第一个女人——夏娃。一条会说话的大毒蛇诱惑说服夏娃和亚当偷吃禁果，犯下原罪。上帝发现此事后，驱逐亚当和夏娃离开伊甸园，让他们成为凡人。确切地说，创世说描述了上帝创造了世界万物，确立了宇宙和世界的秩序；并且记载人之所以不同于万物，乃是因为在万物中，只有人是按照上帝的形象所造的。在上帝所造的万物中，上帝特别眷顾"人"，并且强调上帝要人去治理万物。

"神创论"虽然并没有说明生命的真实起源，但在欧洲漫长的中世纪，却被奉为科学的"最高圣典"，统治欧洲的精神生活长达千年之久。随着科学的发展，神创论和物种不变论越来越受到质疑。

二、生命演化的进化论

从进化思想发展到进化论学说是一个漫长的过程。在大约2500年前的古希腊和中国的古代自然哲学中，进化思想开始萌芽。而中世纪的基督教一直抑制这种思想，直到18世纪后，进化论学说才诞生。

19世纪初期，法国生物学家拉马克（Jean-Baptiste Lamarck，1744—1829）继承和发展了前人关于生物不断进化的思想，提出了生物是从简单向复杂、从低级向高级发展进化的观点，肯定了环境对物种变化的影响。拉马克的学说为达尔文创立进化论奠定了重要的基础。

查尔斯·罗伯特·达尔文（Charles Robert Darwin，1809—1882），

英国科学家，进化论的奠基人。他以博物学家的身份，参加了英国派遣的环球航行，进行了五年的科学考察。在动植物和地质方面进行了大量的观察和采集，经过综合探讨，形成了生物进化的概念。

1838年，达尔文偶然读了马尔萨斯（Thomas Robert Malthus，1766—1834）的《人口论》，从中得到启发，他确定了自己的一个很重要的想法：世界并非是在一周内创造出来的，地球的年纪远比《圣经》所讲的老得多，所有的动植物也都改变过，且还在继续变化，至于人类，可能是由某种原始的动物转变而成的。达尔文领悟到生存斗争在生物生活中的意义，并意识到自然条件就是生物进化中所必须有的"选择者"，具体的自然条件不同，选择者就不同，选择的结果也就不相同。

1859年达尔文的巨著《物种起源》出版。书中用大量资料证明了形形色色的生物都不是上帝创造的，而是在遗传、变异、生存斗争和自然选择中，不断发展变化的，并提出了生物进化论学说，从而摧毁了各种唯心的神造论和物种不变论。恩格斯（Friedrich Von Engels，1820—1895）把"进化论"列为19世纪自然科学的三大发现之一（其他两个是"细胞学说""能量守恒和转化定律"）。

达尔文的进化论主要包括四个子学说：

一是一般进化论：物种是可变的。现有的物种是从别的物种变来的，一个物种可以变成新的物种。这一点，早已被生物地理学、比较解剖学、比较胚胎学、古生物学和分子生物学等学科的观察、实验所证实，我们现在甚至可以在实验室、野外直接观察到新物种的产生。所以，这是一个科学事实，其可靠程度跟"DNA是双螺旋结构""物质由原子组成"一样。在今天，除了极其个别的，由于宗教信仰偏见而无视事实的人，实际上已无生物学家否认生物进化的事实。

二是共同祖先学说：所有的生物都来自共同的祖先。分子生物学发现了所有的生物都使用同一套遗传密码。生物化学揭示了所有生物在分子水平上有高度的一致性，最终证实了达尔文这一远见卓识。

三是自然选择学说：自然选择是进化的主要机制。自然选择的存在，早已被无数观察和实验所证实。但是，现在学术界一般认为，自然选择的使用范围并不像达尔文设想得那么广泛。自然选择是适应性进化（即生物体对环境的适应）的机制，对非适应性的进化，有基因漂移等其他机制。因此，不能用自然选择来解释所有的进化现象。考虑到适应性进化是生物进化的核心现象，说自然选择是进化的主要机制，也是成立的。

四是渐变论：生物进化的步调是渐变式的，是一个在自然选择作用下累积微小的优势，变异逐渐改进的过程，而不是跃变式的。这是达尔文进化论中较有争议的部分。在达尔文在世及去世后相当长一段时间，大部分生物学家，特别是古生物学家（包括赫胥黎），都相信生物进化是能够出现跃变的。在遗传学诞生之后，早期遗传学家们由于强调遗传性状的不连续性，也普遍接受跃变论。

1863年，赫胥黎（Thomas Henry Huxley，1825—1895）发表《人类在自然界中的位置》，通过比较解剖学的研究，论证了"人的构造和其他动物一样，尤其和猿更接近"。它使人猿同祖论进一步得到了确立，促进了进化论的传播。

达尔文的进化论，从生物与环境相互作用的观点出发，认为生物的变异、遗传和自然选择作用能导致生物的适应性改变。遗憾的是，进化论也有它的缺陷，并不能解释清楚生物进化的实质问题——"变异所经历的有关步骤"。但是，由于没有更新更好的理论出现，目前仍然把进化论当成真理来教育后人，进化论仍然是生物界暂时的权威。

三、生命传承的基因论

达尔文的自然选择学说合理地解释了生物进化的外部原因。然而，限于当时的科学发展水平，对遗传和变异的根本原因等问题，达尔文并不能进行科学的解释。随着现代科学技术和生物科学研究的发展，科学家发现了基因的存在，同时也认识到基因在进化过程中发挥了它独有的作用。

19世纪60年代，奥地利遗传学家格雷戈尔·孟德尔（Gregor Johann Mendel，1822—1884）就提出了生物的性状是由遗传因子控制的观点，但这仅仅是一种逻辑推理。20世纪初期，遗传学家摩尔根通过果蝇的遗传实验，认识到基因存在于染色体上，并且在染色体上是呈线性排列的，从而得出了染色体是基因载体的结论。1909年，丹麦遗传学家约翰逊（W.Johansen，1859—1927）在《精密遗传学原理》一书中正式提出"基因"的概念。

20世纪50年代以后，随着分子遗传学的发展，尤其是沃森和克里克（Francis Harry Compton Crick，1916—2004）提出DNA双螺旋结构以后，人们进一步认识了基因的本质，即基因是具有遗传效应的DNA片段。研究结果还表明，每条染色体只含有1—2个DNA分子，每个DNA分子上有多个基因，每个基因含有成百上千个脱氧核苷酸。自从RNA病毒被发现之后，基因的存在方式不仅仅只存在于DNA上，还存在于RNA上。由于不同基因的脱氧核糖核苷酸的排列顺序（碱基序列）不同，不同的基因就含有不同的遗传信息。

基因支持着生命的基本构造和性能，储存着生命的种族、血型、孕育、生长、凋亡等过程的全部信息。生物体的生、长、衰、病、老、死等一切生命现象都与基因有关。因此，基因具有双重属性：物质性（存在方式）和信息性（根本属性）。基因有两个特点：一是能忠实地复制自己，以保持生物的基本特征；二是在繁衍后代上，基因能够"突变"和变异，当受精卵或母体受到环境或遗传的影响，后代的基因组会发生有害缺陷或突变。

人类基因组计划（Human Genome Project）与曼哈顿原子弹计划和阿波罗计划并称为"三大科学计划"，其宗旨在于测定组成人类染色体（指单倍体）中所包含的 30 亿个碱基对组成的核苷酸序列，从而绘制人类基因组图谱，并且辨识其载有的基因及其序列，达到破译人类遗传信息的最终目的。2001 年人类基因组工作草图的发表被认为是人类基因组计划成功的里程碑。

通过基因组计划，我们知道生物的进化史，都刻写在各基因组的"天书"上。草履虫是人的亲戚——13 亿年；人是由 300 万—400 万年前的一种猴子进化来的；人类第一次"走出非洲"——200 万年前的古猿；人类的"夏娃"来自非洲；距今 20 万年——第二次"走出非洲"……人类对基因的认识不断深化，为人工干预和改造基因提供了可能。重组 DNA 技术由此诞生，并被广泛应用于包括转基因生物、基因治疗和基因编辑等领域。

世界上的许多宗教认为，世界万物包括人类都是上帝一次性创造的；生物进化论认为，人是类人猿进化而来的，人是自然进化的结果；基因论提出，人是基因频率发生改变的结果；哲学家的研究表明，劳动创造了人，人是劳动的产物。"猿进化为人"与"劳动创造了人"构成人类起源的辩证法[①]。综合而言，人类有双重来源：自然来源与社会来源。

---

① 林德宏：《科技哲学十五讲》，北京大学出版社，2004，第 25—27 页。

自然来源即自然的演化、生命的进化；社会来源，即劳动的创造。自然的演化与人的劳动创造是两个不同的过程，但这两个过程在从猿到人的进程中融为一体。劳动的发生和人的发生，劳动的进展和人的进化，是一体两面的，本质上是同一个过程。坚持人类从猿进化而来，就是在人类起源和本质问题上坚持自然唯物主义；坚持劳动创造人类，就是坚持历史唯物主义。因此，人是自然与社会的统一。

【生命阅读】

迄今为止，宇宙中唯一已知有文明存在的星球是地球。在地球以外的太阳系行星上，在银河系的千亿颗恒星周围，在银河系外的茫茫宇宙之中，难道就再也找不到别的文明了吗？人们苦苦地思索着，地外是否存在文明的问题。从1960年开始，美国就利用专门的射电望远镜寻觅地外文明可能发出的信号。中国天眼于2016年9月25日在贵州省落成启用，其口径达500米（FAST），是目前世界上拥有最灵敏、最大口径的射电望远镜，其工作目标之一是探测地外文明。虽然尚未取得地外文明的任何直接的证据，但人们仍然相信地外确实存在生命乃至文明。地球上的人类渴求早日遇到来自天外的知音。

就生命科学来说，作为"物质存在"的生命，是由核酸（DNA,RNA）、蛋白质和碳基化学物质等组成的。基因组（DNA）携带着整套遗传信息。从有性生殖开始，通过基因配对、基因重组，祖先的性状通过精卵结合，传给了下一代，又丰富了下一代的遗传多样性。生命就是由核酸和蛋白质等物质组成的多分子体系，它具有不断自我更新、繁殖后代以及对外界产生反应的能力。

就人与自然的关系而言，人来源于自然界，"自然界作用于人"，"人也反作用于自然界，改变自然界，为自己创造新的生存条件"。当从"来源于自然"角度审视人的存在时，人的存在形态就显现为与其他动物一样，是一个有自然身体、自然欲望的"自然存在"；当从"反作用于自然界"角度审视人的存在时，人的存在形态就显现为与动物的不一样，是一个有自由自觉活动本质的"类存在"。

【生命训练】

1. 在互联网上查阅关于生命起源的学说，并记录其中的典型观点。
2. 为什么达尔文能够提出"进化论"思想？
3. 在互联网上查阅关于端粒及端粒酶的研究进展，并回答人类能实现长生不老吗？为什么？

第三节　生命：宇宙的奇迹

【生命导航】

生命现象的基本特征是自我复制、新陈代谢。生命从无到有，是奇迹。个体生命的诞生在相当程度上以一种浓缩的方式重复着类生命的全部奇迹。个体生命一旦诞生，就是获得了他不可取代的独一无二的价值意义。生命的历程是一个不断实现自我潜能的历程，是一个不断填充自己生命括弧的过程，是一个构建独一无二之我的人格生命的过程。请勇敢地成为你自己，你就是世界上最大的奇迹！

【生命课堂】

一、非人的生命世界

微生物（Micro-Organism）是一切肉眼看不见或看不清楚的微小生物的总称。大多为单细胞，少数为多细胞，还包括一些没有细胞结构的生物。微生物主要包括三种类型：

原核细胞型微生物（即没有真正细胞核的微生物，只有拟核）的特点是细胞核的分化较低，仅有原始核，无核膜、核仁。细胞器很不完善。DNA和RNA同时存在。例如：细菌、放线菌、支原体、衣原体、立克次体、螺旋体等。以细菌为例，细菌在生物圈中数量最多，且分布广泛。细菌有三种形态：球形、杆形和螺旋形。细菌是单细胞个体，细胞内没有成形的细胞核，是生物中的原始类型。细菌一般没有叶绿体，大多数细菌只能利用现成的有机物存活。细菌进行分裂繁殖时，繁殖的速度非常快。在条件适宜时，通常只要20—30分钟就能繁殖一代。

真核细胞型微生物（即为有真正细胞核的微生物）的特点是细胞核分化程度高，有核膜和核仁，细胞器完整。例如：真菌。真菌，是一种真核生物。真菌也包括霉菌、各类蕈菌和酵母。与植物、动物和细菌最大的不同之处在于，真菌的细胞有以甲壳素（又叫几丁质、壳多糖）为主要成分的细胞壁，与植物的细胞壁主要是由纤维素组成不同。真菌在地球上出现的时间早于多细胞动植物。有意思的是，多细胞动植物出现之后，真菌几乎侵蚀了所有物种。正是这些横扫生物界的真菌，却在面对恒温动物时犯了难。以人类为例，入侵人体的真菌数量少得惊人。最常见的包括毛藓菌，容易引发足癣，还有就是肺囊虫，它会引发肺炎并影响人体的免疫系统。但大多数情况下的肺囊虫只会温顺地生活在人类的肺部，并不会随意出来作乱。

非细胞型微生物（即没有细胞核的微生物）的特点是无典型的细胞结构，只能寄生在活细胞内生长、繁殖，即病毒。它的核酸类型为DNA或RNA。病毒是一种非细胞生命形态，由蛋白质外壳和内部的遗传物质组成。因此，病毒离开了宿主细胞，就成了没有任何生命活动，也不能独立自我繁殖的化学物质。病毒一般个体微小，是只含一种核酸（DNA或RNA），必须在活细胞内寄生并以复制方式增殖的非细胞型的微生物。

生物中能固着生活和自养的生物就属于植物界，简称植物（Plants），是生命的主要形态之一，包括树木、灌木、藤类、青草、蕨类、绿藻、地衣等熟悉的生物。地球母亲让人类生活在这个水系星球上，同时也赐予人类许多共存的东西，植物就是其中之一。地球陆地面积的23%被森林所覆盖。据估计，现存大约有350000个植物物种，被分类为种子植物、苔藓植物、蕨类植物和藻类植物。

地球上最早出现的原始生命，是只能从有机物分解中获取能量的化能营养生物。直至出现了蓝藻，有了光合作用的色素，才能利用光能制造有机物，并释放出氧气，使大气中的氧浓度增加，在高空中逐渐形成了臭氧层，阻挡太阳紫外线的直接辐射，改变了地球的整个生态环境。在5亿年前，地球大气中的氧达到现在的10%时，植物才有了更大的发展。此后，大气中的氧含量逐步增加到现有水平。由此可见，绿色植物在地球上的出现，不仅推动了地球的发展，也推动了生物界的发展，而整个动物界都是直接或间接依靠植物界才获得生存和发展。

动物（Animal）是多细胞真核生命体中的一大类群。科学家们把现存的人类、已知的动物分为无脊椎动物和脊椎动物两大类，已经鉴别出46900多种脊椎动物。动物身体的基本形态会在它们发育时变得固定。大多数动物是能动的，它们能自发且独立地移动。绝大多数动物是消费者，它们以其他生命体（如植物）作为其食物。但也有少部分动物属于分解者——以已经死亡的生物体（有机质）作为食物（例如蚯蚓）。大多数已知出现在化石中的动物，多是在5.4亿年前的寒武纪大爆发时的海洋物种。

如今，生物的生存环境越来越恶化，很多物种都面临灭绝。在濒临灭绝的脊椎动物中，有37%的物种是受到过度开发的威胁，许多野生动物因被作为"皮可穿、毛可用、肉可食、器官可入药"的开发利用对象而遭灭顶之灾。全球每年的野生动物黑市交易额都在100亿美元以上，与军火、毒品并驾齐驱。我国是世界上野生动物种类最多的国家之一，仅脊椎动物就有4400多种，占世界总种数的10%。同时，我国也是濒危动物分布大国。在被列入国际濒危物种的640个世界濒危物种中，我国占了156种，为世界总数的1/4。如果包括无脊椎动物，我国的濒危动物物种至少有1000种。

人类只是生物圈里面的一个物种，人类离不开地球上的其他生物。当人与自然和谐相处，自觉保护生态环境，能动地适应、有效地利用、合理地改造时，得到的往往是大自然的加倍回报和恩惠；当人们破坏性、盲目性、掠夺性地向自然索取资源时，得到的往往是无情的惩罚和报应。这是生态文明理念中人与自然、人与人、人与社会关系和谐的基本要义。

人类可以利用自然、改造自然，但归根结底是自然的一部分，必须呵护自然，不能凌驾于自然之上。我们应当尊重生命，敬畏自然，促进人与自然和谐共生。简言之，人与自然是生命共同体，人类必须尊重自然、顺应自然、保护自然，构建地球生命共同体。

二、追求意义的生命世界

人类在宇宙中的起源是极其难得的。"若是把地球的历史浓缩成一天24小时，1秒大约相当于5万年。如果地球在午夜零点诞生，那么，生命大约起源于凌晨5点，脊椎动物起源于晚9点，哺乳动物起源于晚10点，灵长类动物在晚11点37分出现，而人类的祖先差不多直到11点56分才浮出水面。"[1]也就是说，地球用了10亿年的时间，孕育了原始生命，又几乎用了35亿年把最简单的生命现象发展为最高级的生命——人类。

人类生命的诞生是一个奇迹。从概率学的角度看，科学家通过高级测算电脑模拟了地球生命存活的条件，发现"地球生命诞生概率是万亿分之一"！在过去的几十年里，通过著名的德雷克公式计算出人类是银河系唯一的智慧生命，产生的概率可能只有600亿分之一！美国哥伦比亚大学科学家分析了当前所有研究数据，确定如果地球生命从一个具备相同环境条件的星球重新开始进化，它们进化成功的概率仅为33%。

人的生命的发展是一场奇迹。从社会学的角度来说，从嗷嗷待哺的弱小婴儿成长至今日顶天立地独立行走世界的你，你顽强地经历着世界对你的层层考验，沐浴阳光雨露滋养的同时，你又经受了太多风霜雪雨、

---

[1] 吴国盛：《科学的历程（第二版）》，北京大学出版社，2002，第31页。

酷暑严寒的考验。我们是万物之灵，是宇宙间最美妙的奇迹，是天地精华的凝聚。我们的血肉之躯可以感知生活、建构生活、享受生活、提升生活质量、实现人生价值。这才是我们人之为人的生命本质。郑晓江先生认为，每一个人的生命除了实体性生命外，还有关系性生命——血缘亲缘性生命、人际性社会生命和超越性精神生命。[1]血缘亲缘性生命是人类生命存在的物质基础，人际性社会生命和超越性精神生命更能体现人类生命的本质。

尽管宗教、科学、哲学按其各自的思考逻辑，对生命的起源及其在宇宙中的地位有着近乎完全不同的论述和论证，从生命教育视野来说，我们也不必对所有这些不同论述都去一一分析和了解。但是，从这些不同的思考中，我们更为重要的是获得认识生命与宇宙的基本立足点，以及由此而必须确立的面对个体生命的基本态度。这就是：从生命的起源看，弱小单一的个体生命，具有强大无限的宇宙性。[2]也就是说，每一个个体生命都不是孤零零地悬空存在的，而是具有一个宇宙性的根基。这个宇宙性根基，宗教家把它叫作神或者神性；科学家将它叫作自然或者物性；哲学家则视其为本体或者宇宙精神或者天（理）。

正是因为每一个个体生命都有这样一个宇宙性的根基，个体生命才不只是属于个体的脆弱肉体生命，而是值得敬畏的宇宙神性生命。英国的弗朗西斯·培根（Francis Bacon，1561—1626）曾经说："人的肉体无疑跟兽相近，如果他的精神不与神相近，那他就是个低贱的动物。"[3]这个精神方面与神相似的东西，就是人能够能动地用理性去思考、探究。

---

[1] 郑晓江、张名源：《生命教育公民读本》，人民出版社，2010，第78—83页。
[2] 何仁富：《生命教育引论》，中国广播电视出版社，2010，第53页。
[3] ［英］培根：《培根随笔全集》，译林出版社，2017，第68页。

第一章 生命起源：宇宙存在的奇迹

这是人性中的神性内容。

虽然人是一棵软弱的芦苇，却是一棵有思想的芦苇。这个"思想"给了人的生命以本能不能给予的无尽的力量和生活世界。与其他微生物、植物、动物相比，人类的生命最具有智慧。人的个性品质、人生道路、实现人生价值的方式和途径具有多样性。人的生命是独特而唯一的。人被视为"万物的灵长"。同时，人类是宇宙的观察者，宇宙因人而存在。而且，是人赋予宇宙以生命和价值。人的这种独一无二的地位，正说明了人的生命的神圣性。每一个个体生命的诞生和存在都是不可复制的，都是独一无二的，都是大自然的杰作，也是父母生命的直接延续。人的生命只有一次。生命所具有的这种神圣性和唯一性，是生命自身价值存在的基础和前提。

生命的神圣性表明"所有生命都是神圣不可侵犯的"。这种不可侵犯性也体现了生命的尊严性。而人的生命的尊严则直接昭示了人活着的生命品质。有价值的生命或生命品质，可从人类生命的自然、精神与社会三方面得到说明。[①]

生命品质首先表现为肉体生命的满足。放浪形骸、肆情声色固然不是好的人生态度，但紧紧地束缚躯体、禁锢心灵也不是正确的人生观。人的一生，在遵循人际的、社会的、道德的规范之下，不妨尽情、尽兴、尽形地享受生命。而享受生命最重要的表现就是人的七情六欲的实现，从中可分出品质高下。七情六欲是人的生命的基本属性，但是对其满足不单单是物质层面的追求和感官方面的满足，还有精神的内容，如爱情，这便是人类生命的高贵方面。当我们能对生命有所欲且能使各种欲求相

[①] 何仁富、王丽华：《生命教育十五讲：儒学生命教育取向》，中国广播影视出版社，2018，第30—31页。

互适宜时，生命才值得一过，倘若我们对生命无所欲求，也就谈不上生命品质了。

　　生命品质更表现为精神生活的超越。人的生命具有精神性，这是人类生命区别于动物的本质所在。对人而言，肉体生命是有限的，客观上对肉体需要的满足也是有限的。许多时候，人生的痛苦不是来自肉体而是来自精神。人类精神生活不仅是无限的，而且能克服肉体无法摆脱的有限所带来的束缚，从而使人达到自由境界，并使生命真正变得神圣伟大。

　　生命品质还表现为社会生命的奉献。在所有生命形式中，人的本能是最脆弱的，人是不可能靠自己的本能生存下去的。十月怀胎，十八年的父母抚养，人必须在社会中通过文化的教化才能生存与生活。因此人的生命具有必然的社会性。由此，人的生命品质就不只在于个人肉体生命的享乐、精神生命的体验，更在于超越个体，实践社会生命的奉献，从而达到整体生命的高度。

　　所以，在现实生活中，不仅要尊重每一个独特的个体存在的价值，而且，每个个体存在必须首先尊重自己作为个体生命存在的价值，热爱生命、珍视生命。实际上，我们的人生并不轻松，我们都是独一无二的"这一个"，我们的人生都是独一无二的"这一生"，如何把自己作为"这一个"的"这一生"充分实现出来，并体现出"独一无二"的价值，对我们每一个人来讲，的确都是一件非常严肃的事。我们应当提升生命气象，探索生命的真谛，追求精神生活的超越，自觉锤炼和提升自己的人格境界，使我们变得更加智慧和聪明，使我们的人生变得更积极、更亮丽、更出彩，使我们的人生不仅有长度，还要有宽度、高度、亮度。[①] 人与人之

[①] 何仁富、王丽华、张方圆、马九福：《生命教育理念下高校思想政治工作创新研究》，人民出版社，2019，第72—103页。

间应该相互尊重、和谐相处。我们应当善待他人、善待社会、善待自然、善待生命，在组织间、族群间、民族间、国家间及与自然间达到和谐相处，共存共荣，实现人类命运共同体的理想。

【生命阅读】

　　人的生命是一个身、心、灵的完整结构。人不同于物的地方在于人有"灵明"，而其他万物则无此"灵明"。"灵明"的特点是能把在场者与背后千丝万缕的不在场的事物联系结合为一。正是这点"灵明"构成了一个人的"境界"，动物不能超越，故无境界可言。"境界"是一个人的"灵明"照亮了他所生活的这个有意义的世界。

　　"人生在世"，这是我们个体人生的一个基本事实。可是，人生"怎么样在世""如何在世"，却是一个值得反省的问题。不同的"在世"方式会形成不同的人生样态和人生境界，也会建构起不同的人生意义。人在世上生活，必须做选择和决定，也会遭遇疑惑、困难、挫折，皆需要力量的支持。在一切力量中，最不可缺少一种内在的力量，就是觉醒。觉醒是人人可以开发和拥有的力量，也是人生最根本和最重要的力量。那些外在的力量，例如来自社会和朋友的帮助，若没有内在力量的配合，最多只能发生暂时的表面作用。那些外在的力量，例如你已经获得的权力、金钱、名声、地位，也许可以使你活得风光，但唯有内在的力量才能使你活得有意义。

　　那么，让什么东西觉醒呢？当然是你身上那些最本质的东西，它们很可能沉睡着，所以要觉醒。人身上有三个最本质的东西。第一，你是一个生命体，你因此才会在这个世界上生活，才会有你的种种人生经历。第二,你不但是一个生命体,而且是一个独特的生命个体,并且能够明确地意识到这一点,也就是说,你是一个自我。第三,和宇宙万物不同,人是精神性的存在,你还是一个灵魂。这三者概括了你之为你的本质。因此,人生有三个基本的觉醒:生命的觉醒,自我的觉醒,灵魂的觉醒。

【生命训练】

1. 简要说明生物的共同特征是什么?病毒是生命吗?

2. 拥抱大自然,感受大自然的美丽,并制作一个小视频和同学分享与交流。

3. 制作绘本《森林是我家》。

4. 开一张生命支票给自己:在生命支票上注明自己能为他人做的事情,并逐一执行。

第二章　生命诞生：个体生命的起点

　　从小开始，我们就对生命的诞生充满了好奇。生命，多么美好而神圣的字眼啊。百分之几的基因不同却造就了如此巨大的差异。即使是地球上的最高智慧的生物，人类也要经历生育这最原始的过程。虽然现代科技降低了生育的风险，提供了更多可能性，但人类的情感也让生育变得更加敏感，除了分娩时的痛苦，还有怀孕期间的各种负面情绪。让人惊叹的不只是新生命的诞生，还有母亲的伟大。生命的诞生从来都是充满了机遇与挑战。

第一节　两性与生育

○【生命导航】

　　尽管个体生命是秉受天地人之灵气而诞生的，但作为一个实实在在的生命个体，是通过父母之间的性爱活动而遗传父母的部分基因而成的。人之初都是由一个受精卵经过不断的分裂增殖发育而成的，在这个受精卵里蕴含着父母的无数个遗传基因。详尽设定了后代的容貌、生理、性格、体质，甚至某种遗传病，子女就是按照这些特征发育成长的。不过，这种基因的遗传并不是一个简单的自然过程，而是一个非常复杂神圣的"自然—人为"过程。神秘的DNA掌控人体之美，统一或差异，让这个世界有了男女两种性别。男女有大不同，在差异中被爱情和婚姻捆绑成为一体。生育，不仅是人性之本能，也是社会发展，种族繁衍的必经之路。

○【生命课堂】

一、身体与两性

　　人类是自然的造化物。大文豪莎士比亚就曾在《哈姆雷特》中赞美人类是"宇宙之精华，万物之灵长"。人体的奇妙与珍贵，可能超过了我们的想象。你能想象我们每个人都是由一颗肉眼都无法观察的细胞变成的吗？你能想象在婴儿成长的第一年，365天会睡248天，哭490小时，排出144升尿液，39.2千克粪便吗？而这些，还只是开始……

（一）身体之美

决定身体结构的"摩斯密码"就是DNA，它记录着人体全部的遗传信息，反映出外貌、体型、性格等诸多特征。如果说人体DNA是一本书，我们要花9年半才能读完。如果将人体DNA连起来，将是地球与月球距离的1.6万倍！正是这神秘的DNA，才能让身体充满了美感。

身体之美，美在和谐。人体是一个由器官、骨骼、皮肤等组织而成的神奇机器，许多器官、组织精确而完美的安置确保了功能的正常运行。从结构上看，人体结构具有对称之美，如果从中间将人分为左右两半，则会发生镜像重合。如果左右不对称，有可能会出现严重后果，比如残疾或重大疾病等。从功能上看，人体也具有对称性，比如左右眼的对称性让人有了立体感；对称的双耳，让人可以觉察到声音传来的方向，感受到立体声。协调对称让身体充满了和谐之美，因为任何一个复杂系统都无法与之媲美，它更巧妙、更精确、更灵活。

身体之美，美在差异。生命有很多共同点，比如都是由细胞构成的，协调完成各项生命活动等，但神秘的遗传法则也让生命之间呈现出一些区别，让生命世界变得丰富多彩。世界上几乎找不到完全一样的人，头发、皮肤、眼睛的差异及以身材差异与骨骼的区别等，但最大的差异还要体现在性别上。男女有大不同，从青春期开始，男女就有极大的区别，通常男性身躯高大威猛，女性身材窈窕柔软，男性声音粗犷低沉，女性声音尖细清脆……这些特征都是显而易见的。而造成这一切差异根源在于遗传物质，当含有SRY基因时，外在特征表现为男性，反之则为女性；

当含有Y染色体时，胚胎发育为男性；而不含有Y时，则发育为女性。在基因和染色体的作用下，男女器官特别是生殖器官存在较大的差异。男性生殖器官包括阴茎、阴囊和睾丸等，女性包括阴道、子宫、卵巢等。因为性器官的差异，使得男性分泌的性激素主要是雄性激素，而女性分泌的主要是雌性激素；男性产生的生殖细胞是精子，女性产生的生殖细胞为卵细胞。正因为遗传物质、器官等性别上的差异，使得这个社会出现了不同的分工，产生了不同类型的角色，社会得以发展。过去人民常常将男性称为阳，女性为阴，有阴阳合一之说，似乎也在冥冥中注定男女之间的差异可以完美互补，从而体现人类社会的和谐美。

（二）两性差异

男性与女性在生理上的差异引起了社会关系的差异。由于原始社会打猎等生产劳动的需要，导致男性常常外出活动承担家庭责任，而女性常从事采集野果、缝补衣物和抚养孩子等活动，这一定程度上决定了男性主外、女性主内的家庭分工。在封建社会，由于封建思想伦理的束缚，进一步固化了男女社会角色，加剧了社会关系的差距。形成了男性肌肉结实健美、女性身材窈窕的审美观，这意味着男性有更多的力量从事生产劳动，而女性窈窕的身形则往往代表优秀的繁殖能力。但随着社会的不断发展和进步，除了重体力的劳动外，男女的社会分工差异也越来越模糊，这也给了女性更多走出家庭、参与社会的机会。这从一定程度上也形成了男女平等的社会文化。

一般而言，同龄男性往往比女性更强壮，而这种生物倾向往往也受到社会、教育的影响。从胎儿诞生后，就将男性与女性的性别隔离开来，不同性别的孩子往往被要求穿上不同的衣服，玩不同的玩具和游戏。男孩通常被要求坚强勇敢，女孩被要求温柔贤淑。也有学者认为两性心理差异受到个体本身的自我认知影响。这种认知可能是个体经过模仿、总结生成的经验，也有可能是社会、教育强化的结果。性别差异客观存在，但无论怎样，差异不等于差距，男女的差异也应该建立在平等之上。两性各有优劣，没有对错。

二、爱情与婚姻

（一）爱情是心灵的契合

爱情是个体间的亲近和依恋。一翻开中国文学的历史，《关雎》就映入眼帘。其中提到的"关关雎鸠，在河之洲；窈窕淑女，君子好逑"脍炙人口。"山无棱，江水为竭，冬雷震震夏雨雪，天地合，乃敢与君绝""何当共剪西窗烛，却话巴山夜雨时"，爱情历来成为文人墨客的心头好。从牛郎织女、白蛇传到梁山伯与祝英台，陆游与唐琬。从古至今，有无数的故事从文学的角度告诉我们爱情到底是什么。

认知神经科学、心理学等学科将爱情作为研究焦点。中科院心理研究所的一项研究表明，爱情并不是一种单一的情绪，而会导致人体多种激素的变化，例如皮质醇、多巴胺等。现在更多人认同爱情是人类社会特有的美好感情。爱情是真情实感的流露，并不只是一种生理感受。爱情将生理规律和精神准则交织在一起，是灵与肉的和谐统一。相较于动物，人类的爱情更为伟大，原因就是在生理属性的基础上，强调了情感属性，是一种心灵的契合。所以爱情不是生理上的放纵，而是克己。爱情不是单纯依附，而是并肩而行。就像舒婷在《致橡树》中写道："我必须是你近旁的一株木棉，作为树的形象和你站在一起。根，紧握在地下；叶，相触在云里。"

（二）婚姻是社会的契约

经历了浪漫的爱情，许多人都会选择走进婚姻的殿堂。婚姻到底是什么？我国古代《昏义》中记载："婚姻者合两性之好，上以事宗庙，下以继后世。"强调了婚姻的目的是繁衍后代。西方哲学家康德认为婚姻是"两个不同性别的人，为了终身相互占有对方的性官能而产生的结合体。是依据人性法则产生其必要性的一种契约"[1]。后来，越来越多的国家认可了"婚姻是一种契约"这一说法，并在立法上体现出来。由此奠定了婚姻自由的法则。不可否认，康德的观点强调了婚姻的自然属性，体现出人的生理欲望，将性关系纳入了法的范畴。但人之所以为人，就是因为其社会属性的存在。后来人们对婚姻的契约关系进行了修正，认为婚姻是男女为了共同意愿自愿结合为伴侣，在经济、家庭中互相扶持，繁衍后代。由此可以看出，如果爱情强调了心灵的契约，带有自然属性，那婚姻就是社会的契约，带有社会本质。

当代人的婚姻观也随着社会的发展而发生了明显的变化。过去人们很重视婚姻，认为是一种传承，《周礼》记载："男三十而娶，女二十而嫁。若无故而不用令者，罚之。"可以看出将婚姻当成了一种家族传承和个人使命。现在的人们将婚姻更多看作是人生的一种选择，是人生的非必须项。即使认为是一种责任，但有些人的态度也从学会承担变成了逐渐逃避。分析其原因，主要在以下两个方面：

其一，目前，随着社会的进一步发展，男女社会分工变得更加模糊，传统的男主外、女主内的家庭模式被打破，使人们的婚恋观念发生了转变，也有愈来愈多的人加入了单身一族，成为不婚模式的践行者。

---

[1] 陆心宇：《论婚姻中尊重与爱的关系——以康德、黑格尔与克尔凯郭尔为参照》，《复旦学报（社会科学版）》2018年第5期。

其二，人们个人意识发生觉醒导致生活观念的改变。很多人更注重自由、无拘无束、新鲜、刺激的生活方式，普遍认为"婚姻是爱情的坟墓"。因为爱情的花前月下变成了婚姻中的柴米油盐酱醋茶，生活逐渐趋于平淡。而经过婚姻组成家庭也意味着逐渐增加的生活、生育责任，由此，越来越多的人恐惧婚姻，甚至拒绝走入婚姻的殿堂。就像顾城在诗《避免》中提到的一样："为了避免结束，您避免了一切开始。"

但数千年来，成家和立业被放在了人生同等重要的位置，不能没有孩子的传统观念也在人们心中根深蒂固，所以"丁克"家庭很快面临了一些问题：丁克族永远没办法体会到为人父母的感受，特别是到了假日，没有儿孙绕膝的天伦之乐，不可避免会感到孤独。即使在平常的生活中，和以生活为中心的妈妈们很难有共同语言。据研究发现，在如今超过35岁的高龄产妇越来越多，其中就有大量年轻时立志不生育，到了中年后随着夫妻情感变化而"反悔"的丁克一族。即使是将"婚姻是爱情的坟墓"奉为圭臬的人们可能不知道，张爱玲曾说过："但是如果不结婚，爱情将无葬身之地。"

三、家庭与生育

基于男女生理结构上的差异，似乎阴阳互补，合二为一也成为冥冥之中的法则和本能，生育也成为自然而然的事情，也可以认为生育是男女结合的结晶。从社会关系而言，生育使男女社会关系达到了某种平衡，进而衍生出一男一女的家庭关系。通过生育，男女完成了生产、抚养的共同工作，关系将会变得更为稳定。从人类发展的角度来说，生育使得人口在出生与死亡之间达到数量上的平衡，种群得以繁衍。但随着人们思想观念的转变，传统的家庭生育理念逐渐受到挑战。

（一）生育体现两性平等

现代社会流行的观点表明恐婚者通常也是恐孕者，女性往往处于弱势地位，但生育恰是最能体现两性平等。很多人认为在生育过程中，女性在身体上经受了十月怀胎之苦、分娩之痛，在个人发展和职业价值的实现上做出了更大的牺牲，这极大体现出了性别的不平等。只有将生育与女性彻底割裂，才能真正体现出两性的平等。但实际上生育恰巧体现出两性的平等：女性的身体结构使其承担了怀孕、生产的自然责任，即有权决定是否生育，而这并不是过去传统观念的"一家之长"的男性说了算，因为女性并不能作为传宗接代的工具，也不能成为男性繁衍后代的附属物。由此从自然属性来看，生育确实能体现出两性的平等。

（二）生育创造无数可能

生育将两个没有血缘关系的人紧密联系在一起，是维系家庭的纽带，能创造无数可能性，人们也常常为这一自然法则的产物而感觉神奇。

生育创造的可能性主要体现在四个方面。第一是父母结合的随机性。择优而配是生命的法则，从遗传学角度分析，生育将强大的基因结合产生了优秀的后代，但世间事并非是完全能用遗传学理论解释的，社会文化也深刻影响着婚姻与生育。第二是精卵细胞的多样性。我们都知道人通常有23对染色体，而精卵细胞却只有其中的一半，获取其中的哪一半是随机的，这也造成了不同的"小蝌蚪"和"小毛球"。第三是精卵结合的偶然性。大多数情况下，父亲每次提供上亿个精子，母亲每月提供一个卵细胞，其中任何一个"小蝌蚪"都有可能和这个卵细胞结合，最终有无数种可能，而我们是上亿分之一！第四是外在环境的差异性。一对走散的双胞胎若干年后再相遇，他们的相貌却没有小时候那么相像了，这就是环境的力量。经历的事、遇见的人都给我们的生命烙上时光的印记，造就了独一无二的自己，而这一切都从生育开始。由此可以看出，生命是无数可能与努力的产物，每个生命都独一无二而且充满力量。

（三）生育是建设家国的责任

成家立业，结婚生子自古以来就是社会主流。古话总是说：不孝有三，无后为大。在过去，宗族对生育尤其重视，认为多子即多福，将子嗣繁衍和家族传承联系在一起。特别是将男人看作家庭的顶梁柱，没有男孩的家庭就是断了根，会有被灭族的风险。所以，生育不仅是人性的本能，是繁衍和抚育的结合，更是家庭功能的完善和家族的延续。[①]

对现代人来说，宗族的作用和力量被淡化，个人的感受成为生育与否的关键因素。生育更多被认为是自然而然的人生经历。在当今社会，生育、抚养的压力也接踵而至，人们少生甚至不生的意愿也逐渐强烈，这不仅反映出个体生育方式的改变，更反映了社会文化的嬗变。作为一种个人生活方式，无可非议，但这一行为所引发的社会后果更值得人们关注。目前，少子化和人口老龄化成为日益严重的社会问题，幸福美好的国家需要更多年轻人去建设，所以，生育对社会而言是结构的完整和继替。

由此看来，生育与否不仅是个人意愿，还与种族繁衍、家国命运紧密相连，更是我们每个人的责任。如何从自由与责任、自我与社会、利己与利群之间找到平衡点，这也值得我们每个社会人深思。

---

① 沈笛：《生育意愿与生育行为的影响因素研究——对体制内职业女性群体的分析》，博士学位论文，吉林大学博士论文，2019年。

○【生命阅读】

生育问题是涉及种族绵延的重大问题，也是针对婚姻、家庭及两性关系的重要问题。有关生育问题的分析主要有两种视角，即传统视角和后现代视角：第一是传统视角，费孝通认为：生育是损己利人的过程，"彻底为自己利益打算的，就得设法避免生殖"。但由于人类不能单独谋生，人类离不开社会，而生育是维持社会结构完整性的必要手段。既然必须要有生育，组成婚姻家庭也就不可避免，婚姻是社会为孩子确定父母的手段，家庭则是父母子三者之间稳固的三角关系。在这里费孝通引入了一个不同于婚姻先于生育这一自然事实的逻辑，即生育先于婚姻。而且根据费孝通的观点，不仅生育与婚姻相比具有逻辑上的优先地位，而且人类社会结构的完整性在逻辑上也要先于个人的利益、先于男女间平等。婚姻不是件私事的观念，男主外、女主内的"性别意识"都是这一逻辑的自然展现。遵循这一逻辑，为维护社会结构的完整性即社会的存在，无论是男女平等还是个体独立都是值得牺牲的。第二是后现代视角，美国激进女权主义认为，只要存在被迫为人母的现象，经济、家庭和性别上的不平等就在继续。女性解放的最大障碍就是他们的生物繁衍角色，生育这一过程压制着女性。为了摆脱这一局面，她们提出："女性必须把握生育的手段，运用技术创造生育与女性身体的技术性分离，这是女性解放的前提条件。"激进女性主义的观点带有典型的后现代色彩，对传统的男女性别角色定位持一种坚决的反对态度，不仅反对男女的不平等，而且反对依据男性模式的平等化。[1]

---

[1] 杨国庆、宋丽艳：《从生育视角透视两性平等》，《内蒙古大学学报》2007年第3期。

【生命训练】

目前,不婚族、丁克族的队伍不断壮大,他们认为结婚生子是个人自由,也有人认为不结婚、不生育对社会和国家发展来说是不负责任的。从社会发展的角度,你怎么看待这种现象?

第二节 怀孕与出生

【生命导航】

当两个肉眼不可见的细胞碰撞在一起,便拥有了巨大能量,开出生命之花。从受孕、妊娠到分娩,生命的神奇就在于每时每刻的变化,每一步都精确到最复杂的计算机也无法模拟,每一个不起眼的变化都是惊人的质变,这是一个生命的开始,更是一段危险的旅程。在母亲精心的孕育与呵护下,在家庭的期盼中,最终结出生命之果。

【生命课堂】

一、受孕——生命的发生

据研究发现,一个正常男性每天产生7000万—1.5亿个精子,而女性一生产生400余个卵细胞，存活时间只有12—24小时。当在女性卵细胞存活时期，精子和卵细胞相遇并结合，就会产生新生命。在相遇之前，精子需要经过一段漫长的旅程才能到达卵细胞所处的位置。

当正常男性一次排出上亿精子，除去异常的精子，有活动能力的精子达60%，在女性生殖道中奔向卵细胞，速度可达28公里/小时，堪比一辆在乡村路上行驶的小轿车。但大量的精子在奔赴的过程中，因为女性生殖道酸性环境而失去活力以致死亡，最终只有极少数最健康强壮的精子才有遇到卵细胞的机会。卵细胞排出后，被输卵管伞捕获，经过狭长的输卵管，向子宫缓慢游动等待最后的胜利者。最终，只有1到2个精子经过艰难冲刺才能找到卵细胞。最终只有一个精子才能钻入卵子内发生融合，形成受精卵。受精卵在输卵管中不断分裂、分化，不断向母体子宫腔移动，像一颗种子落入土壤一般，着床于子宫内膜，吸收营养，生命就此诞生。

经过长途跋涉，跨越恶劣的酸性环境，超越其他精子，最健康活力的那一个终于和等在那里的卵细胞相遇，这何曾不是生命的一种圆满，就像两枚玉佩合二为一，冥冥之中自有天意，这何成不是生命的奇迹。

二、妊娠——生命的酝酿

当人体最大的细胞（卵细胞）遇到人体最小的细胞（精子），生命就在子宫内展开了近10个月的神奇之旅。从肉眼不可见的一个小细胞到平均重量为3千克的有鼻子、有眼、有脑、有手的巨大细胞团体，生命从未停止过努力。短短10月，这中间发生了哪些故事？

人们常说母亲十月怀胎的艰辛，这一过程岂止艰辛二字可以概括。孕妇通过脐带和胎儿血肉相连，源源不断地将自身的营养提供给胎儿，又将胎儿产生的废物排出体外。在近10个月的妊娠中，胎儿从未停止过努力，妊娠初期受精卵快速增殖分化，发育成为接近1厘米的小胎芽，随后，心脏、面部器官、脑部开始分化，形成长约2.5厘米的胎儿，所有的器官、肌肉、神经开始迅速发育，身体变长，体重增加，呼吸、肝脏、肾脏等器官开始工作，逐渐形成人形，出现关节雏形。随后开始转动眼球，进行踢腿，开始呼吸，形成味蕾等。大约到妊娠34周，胎儿会保持头朝下的姿势，最终等待分娩。

这是生命诞生之前的必经之路，也是一段危险的旅程。因为受精卵只有50%的可能性在子宫内着床，而那些不能完成着床的新生命在变成胚胎前就终结了；染色体异常的生命还有20%的可能性会自然流产；而5%的胎儿也可能会在第22周具有生存能力之前自然流产或者成为死胎。只有在母亲最精心的呵护下，在大自然优胜劣汰的法则中胜出，才能顺利到达下一阶段。

短短的10个月浓缩了人类进化的150万年的历程，这是一条充满光荣的荆棘路。新生命在酝酿中得以圆满，而女生也变成了母亲，在孕育生命的过程中走向成熟。这注定是一场母子之间的互相成就。

三、分娩——生命的降临

古代自有"瓜熟蒂落"的说法，经过十月怀胎，婴儿趋于成熟，将会从母亲的子宫中脱离出来，作为一个独立且崭新的生命降临人世间。我们从各种影视中或多或少看过分娩的场景，往往伴随着母亲的呻吟，满脸的大汗，还有常人难以忍受的剧痛。曾经有男性依靠机器体验分娩之痛，只能维持几分钟，而女性在分娩中却要承受十几个小时。但很多女性甘之如饴，因为这是成为母亲的必经之路。

经历十月怀胎后，母亲与胎儿血脉相连、骨肉相亲的感情并没有随着脐带而被剪断，看着呱呱坠地的小生命，就像完成了一次重生。因为这不仅是生理本能，更是生命降临的奇迹。胎儿从出生之后就像知道应该做什么一样，眨眼、抓握、吮吸……神奇的生命，仿佛被上帝设计了一般。

个体生命的诞生，并不只是秉受天地之灵气，也不只是获取父母的基因。在相当程度上，个体生命的诞生，是整个人类社会关系的产物，同时又在联结整个人类社会关系，尤其是血亲关系。在人类生命的长河中，个体生命永远都只是那个生命谱系的一环，上承祖宗先人，下传子孙后代，左连兄弟姐妹，右接丈夫妻子，如此不断延伸。个体生命就在一个由血亲关系组成的巨大网络中而成为人类的一员。我们的生命是被给予的、被培养的、被教导的，被养育的。总之，我们的生命是被赐予的。

天地，给予我们生命的灵性根本；我们感恩天地，是领会我们生命的神圣性。

父母，给予我们生命的肉体精血；我们感恩父母，是领会我们生命的血亲性。

圣贤，给予我们生命的精神品质；我们感恩圣贤，是领会我们生命的人文性。

亲友，给予我们生命的情感寄托；我们感恩亲友，是领会我们生命的社会性。

……

第二章 生命诞生：个体生命的起点

【生命阅读】

无论是男是女，无论是平民百姓还是亿万富翁，我们都来自一个神奇的家——子宫。在动态立体扫描科技的支持下，子宫被打开了一扇窗，人们能清晰完整地将暗无天日的子宫呈现在眼前，在为期38周的孕育过程中，我们清楚地观察到最大的细胞和最小细胞的相遇、相融、相识。"6—11周是胎儿变化最剧烈的时期，5周内，胎儿迅速长大5倍。肝脏、双肾、米粒大小的胃……这时他具备了所有人类要素，长度却只有7厘米。"通过更为直接的文字呈现"孕妇站着、坐着或蹲着分娩，可能减轻生产的痛苦，仰卧是最糟糕的姿势。上述姿势还能加速分娩的第一阶段，减少医疗介入或剖腹的可能性"。《子宫日记》将前所未知甚至颠覆常识的情景呈现在我们面前，分娩过程虽充满了血腥，却神圣，让我们深受震撼。

——纪录片《子宫日记》

【生命训练】

母亲十月怀胎的艰辛与分娩之痛是我们难以体会的，特别是古代，医疗卫生的落后导致大量孕妇死亡，曾有人形容分娩就是在鬼门关走了一遭。如果有条件，对孕妇进行一次采访，了解母亲对孕育的感受。

第三节　关注性健康

【生命导航】

青春是诗，时而轻快，时而忧愁，写在纸上，诵读几句；青春是歌，有时是欢乐，有时是恋曲，跟着旋律，吟唱一曲。青春的烦恼如春雨过后的小草，微微探出的头，扫过心底。青春的秘密是埋进盒底的小纸条，一笔一画刻在心里。青春期的你，健康又美丽。

【生命课堂】

青春期通常指的是11—19岁的关键期，是人生的关键过渡期，在这个时期，人的生理、心理会发生明显变化。[①]生理上主要体现在生殖器官和生殖系统快速发育、成熟，心理上主要是构建身份认知。在青春期，青少年会思考个人的身份、在社会上承担的角色，会思考人际关系、事业、学习、婚姻家庭和性生活等话题。青春期的性健康是个体健康的重要内容，应该包括生理、心理和行为健康3个方面。我们应该用科学揭开性与性健康的神秘面纱，以知识代替愚昧，以坦诚代替神秘，以客观代替否认，关注青少年性健康问题。

---

① 《道德与法治（七年级下册）》，人民教育出版社，2006，第3页。

第二章　生命诞生：个体生命的起点

一、生理健康

青春期是个体发育的特殊时期，这一时期中出现快速长高、体重增加等变化，更重要的是出现了第二性征的变化。在生理上，男性和女性有了更明显的区别，主要体现在生殖器官和生殖系统方面。

（一）卫生保健

在青春期阶段，男性由于激素刺激加上外在环境的作用，睾丸不断发育变大，产生精子，精囊腺和前列腺也不断产生分泌物，当产生到一定量时，会自动从尿道排出来，产生遗精的现象。另外裤子过紧，环境太热，或者生殖器官的发炎也会导致遗精。对健康未婚男子，每月1—2次遗精属于正常现象，并不需要太过担心，但过于频繁就需要看医生。还需注意的是，青春期男性应该避免过早性生活，因为此时性器官还未完全发育成熟，发生性关系容易引起不同程度的性功能障碍。另外，青春期男性应该注意保持生殖器官的低温状态，因为温度过高不利于精子的发育；也应该保持生殖系统的清洁，经常清洗；有些男性也有包皮过长或者出现包茎问题，应该及时治疗。青春期男性处于变声期，应注意声带保健，多喝水、尽量减少不必要的大声嘶吼等。

青春期的女性会出现乳房萌发、全身发育、生长迅速、月经初潮的现象。青春期的发育受遗传、营养条件、地理位置、精神状态等影响，一般始于10—13岁，持续10年左右。月经初潮的时间、出血量和持续天数存在个体差异，与激素、环境有很大关系。月经的来临会给女性带来困惑和烦躁，而独特的生理结构也导致女性更容易受到细菌病原体的感染，所以女孩子们需要多喝水，多排尿，保持外阴的清洁卫生。很多女性会存在痛经的情况，此时要注意保暖，避免剧烈运动造成痛经加剧。

随着个人审美意识的觉醒，也有一些女生出现过度节食减肥的情况，这既不利于青春期的正常发育，也不利于现阶段的学习，应该尽量避免。

（二）关注艾滋病

艾滋病是一种 HIV 病毒感染引起的免疫缺陷病，其传播途径主要是性传播、母婴传播和血液传播，目前在我国发展迅速，呈现出低龄化的特点。HIV 病毒作为一种 RNA 病毒，容易发生变异，目前还无法彻底治愈。拒绝毒品、自尊自爱、遵守性道德才是预防艾滋病的根本措施。青少年往往自我控制力较弱，容易偷吃"禁果"，往往也容易自食"恶果"。性行为时坚持正确使用合格的安全套可以显著降低感染 HIV 的风险。一旦发生高危性行为，要在 72 小时之内服用阻断药，尽早检查，排除隐患；抵制毒品，不通用注射针头、牙具、剃须刀等，不在没有卫生条件的地方文身、洗牙、穿耳等。在感染艾滋病毒后，应该尽快到定点医院开展抗病毒治疗，即使无法彻底治愈，但能降低病毒载量，延长生命。

二、心理健康

（一）性别认同

据学者研究，大部分儿童在 4 岁左右就可以识别自己和他人的性别，并且会对生活中的很多行为和角色进行性别标签化，对性别产生刻板印象。比如儿童会认为车船飞机模型、飞行员军人带有男性化特征，洋娃娃、过家家带有女性化特征，孩子们往往对异性进行的活动划出了"三八线"。人们通常也教育男孩子勇敢坚强、女孩子细致温柔。甚至社会对男性的性别印象比女性更严格，比如人们接受女性被称呼为"假小子"，对男性的"娘娘腔"却难以容忍，这反映出社会对性别的认同存在偏差。实际上女性也可以勇敢坚强，男性也能够细心体贴，这不仅是对自己，对别人的性别认同，更是健康心理的体现，更是对他人的尊重。多一些性别认同，多一些对自己和他人性别认同的尊重。

（二）与异性的相处

青春期是异性交往的敏感时期。青年男女对两性关系抱有强烈的好奇心，因为它比起童年时的异性游戏更为复杂，比成年人的恋爱更微妙敏感。

心理学理论认为，个体在青春期的主要任务之一就是学会如何正确与异性交往。男女间恰当的交往有利于促进青少年身心健康成长，促进自我同一感的发展，增进心理健康，为今后的成熟恋爱积累经验。但如果处理不恰当很可能早成困扰。一旦有情于人，就会观其人，闻其声，心随其动，迅速让自己处于情感的爆发期，但由于缺乏长期的了解和全面的认识，这样的感情充满了不确定性，升温迅速，降温也快，有可能造成严重后果。和异性相处是青春期性心理发展的必经之路，对待异性无须刻意回避、冷漠如冰，也不必刻意逢迎、热情如火，就像对待正常的同性同学一般，互相尊敬，互相接纳。

三、行为健康

（一）安全性行为

近年来，随着人们对性观念的态度改变，加上网络信息的畅通，青少年的性观念和性行为逐渐趋于开放。伴随着趋早、高发的青少年性行为，不仅对自身生殖器官造成损伤，增加感染病菌的危险，还可能会导致意外怀孕、流产等问题。

不洁性行为会导致性病等传染病的高发，性传播疾病包括艾滋病的患病率逐年上升，给青少年自身、家庭和社会带来巨大的风险。从2018

年艾滋病监测结果来看，15岁以下新增艾滋病病毒感染者数量持续走高。[①]

过早性行为也可能导致少女妊娠，使少女妈妈和孩子在社会、经济和健康等方面增加了风险。据复旦大学研究发现，15—19岁组孕产妇死亡率是20—24岁组的3倍，分娩的新生儿容易早产或低体重、畸形，甚至新生儿死亡。青少年妊娠期并发症、合并症以及妊娠不良结局的概率高于适龄妊娠，[②] 可能导致宫颈粘连而不孕，盆腔感染或者打乱内分泌的平衡等。

目前，常见的避孕方法有避孕套、口服避孕药、安全期避孕法、体外排精避孕法、宫内节育器避孕法、手术避孕法等。使用避孕套是比较普遍的方式，但需正确使用合格的产品。口服避孕药分为短效避孕药和紧急避孕药两种，短效避孕药需要每天定时服用，28天为一个周期；紧急避孕药不能作为常规避孕手段，但适用于未保护性行为3天之内的服用，24小时内效果最佳。需要注意的是口服避孕药只能避孕，不能阻断传染病，而避孕套还能有效阻断传染病，是一种相对安全的方式。

（二）预防性侵犯

性侵犯是违反他人意愿而发生与性有关的行为，包括言论、行为、电话、信息、约会等。性骚扰者一般对侵犯对象没有感情，也没有固定对象，仅是欲望的放纵。不同的是有的性侵者采取暴力野蛮的手段，有的利用自己的权势、地位胁迫利诱，有些采用更为隐蔽的手段对他人的身心造成伤害。无论男性还是女性，都应该提高辨识，防患于未然，甚

---

① 中国疾病预防控制中心性病艾滋病预防控制中心性病控制中心：《2018年第三季度全国艾滋病性病疫情》，《中国艾滋病性病》2017年第5期。
② 吴晶、邢爱耘：《221例青少年妊娠结局分析》，《现代预防医学》2014年第9期。

至警惕熟人作案。在日常的生活中，不贪占小便宜，对陌生人保持足够的警惕，对一些不怀好意的言行，一定要严厉拒绝，大声说不，大胆反抗，勇敢报警，依法维护自己的权益。如果不幸遭遇性侵害，应该勇敢面对，迅速报警，真实反映情况，并且提供必要的线索，记住侵犯人的特征，暗中给侵犯人做好记号等，寻求法律保护。

【生命阅读】

1994年，ICPD首次指出"生殖健康"是青少年应当享有的一项基本权益。并提出：青少年作为群体的生殖健康需求迄今一向为现存的生殖保健所忽视……在国际社会的支持下，各国应保护和提倡青少年获得生殖健康教育、宣传和保健的权力，并大力减少青少年怀孕的数目。敦促各国政府在非政府组织协作下，满足青少年的特别需求，并制定满足这些需求的方案。

生殖健康不仅是生殖系统的健康，更重要的是心理的健康，可以说，一个人由生到死的过程都与生殖健康密不可分。生殖健康包括避孕节育、母婴保健、性传播疾病（包括艾滋病）和生殖系统疾病的预防与治疗、安全流产、性健康等内容。2001年，国际计划生育联合会提出了"5A"战略（即Adolescents, AIDS, Abortion, Access, Advocacy），为青少年提供全方位、多维度规范的生殖健康服务。[1]

---

[1] 张艺珊、张雪松、李晓宇、顾向应：《重视和改善青少年生殖健康现状势在必行》，《中国计划生育和妇产科》2020年第4期。

【生命训练】

近年,我们经常会在网络上看到"腐文"或"耽改"作品,甚至有学生将"男男才是真爱,男女只是繁衍后代"当成口头禅。你如何看待逐渐兴起的"耽改热"呢?

第四节　现代生育伦理

【生命导航】

随着生殖技术的进步和人们观念的变化,传统自然生殖模式和家庭生育面临较大的变化。生育不仅是人的自然属性,更与社会发展、人类种族繁衍息息相关。由此引发了一系列关于生育数量、质量的控制,辅助生殖技术的应用等伦理问题。

【生命课堂】

生育是人类的生产过程,充分体现出人的自然属性,表现出人类的权益和憧憬。但作为社会的一分子,生育涉及资源的分配,就与社会文明紧密联系。

一、男女平等

男女有别一直是中国传统伦理关于两性关系的核心观念，男女生理差异最终体现在家庭分工上，导致性别不平等也不断扩大和加深，主要体现在性别歧视上。而随着科学技术的发展与成熟，现代技术在性别选择上的应用也就随之诞生。

（一）性别歧视

性别歧视随着社会的发展而发生内容和形式上的改变。在封建社会，统治阶级为了维护其地位而歧视女性，在家从父，出嫁从夫，夫死从子，受到重男轻女的影响，在生育中更愿意选择生男行为。在现代社会，关于性别歧视，人们大多会想到重男轻女。放弃女婴、家产手艺传男不传女、天价彩礼、已婚未育找工作难上加难等现象只是更为显性的性别歧视。此外还有一些隐性的性别歧视发生在我们身边，前文提到的"伪娘""女汉子"若干多的标签和对性别的刻板印象本身就属于性别歧视，更引发了男女性别对立。严重的性别歧视带来了男女比例的失衡。据2018年调查发现，中国男女比例是116.9∶100，男性比女性多3000多万。如果畸形的性别比不能得到遏制，那将会导致严重的社会问题，买卖婚姻、拐卖妇女等风险进一步增大，犯罪率上升，婚配关系变得不稳定，男性劳动力也变得困难，对女性造成"就业性别挤压"，人口萎缩严重等。

在男女平等的呼声下，人们的生活生产方式的改变，性别差异在现代社会中逐渐变得模糊。有些人也将男女平等过度解读为"男女相同"，但这种忽视男女先天生理差异的"全面相同"本身就是性别的不平等。很显然，男女之间的关系从来都不是割裂的，性别之间的差异就像手心与手背一样不可分割。天价彩礼为难了男性，也在歧视自己的女儿，未育女性的就业尴尬伤害的不只是女性，而是其背后的整个家庭。所谓的性别歧视究竟歧视了谁？

（二）性别选择

在前文中我们已经提到，生育有无数可能，性别在自然状态下是随机的。在传统社会，人们并没有选择子女性别的自由，有些人采取了多生或者甚至用不道德的手段溺杀婴儿。在有了现代生育技术的发展后，人们不可否认地期望选择孩子的性别。

现代社会关于性别选择的原因主要有两个方面：一是基因缺陷等遗传病影响了性别选择，比如血友病或者色盲是由 X 染色体上的基因变异引起的疾病，女性受到的影响较小，男性却有可能患病。为避免受到此类疾病的影响，家庭可能会避免生男孩。二是社会因素影响了父母对孩子性别的选择，比如有些家庭认为男子是家族的重要传承，一定要生男孩，特别是在计划生育的特殊时期。还有家庭认为男孩结婚需要买车买房凑彩礼，承担更多经济压力，所以期望生女孩。

目前关于现代技术对性别的选择有很多种，有根据精子的重量判断其内含有的性染色体是 X 还是 Y，以此确定性别；也有根据基因测试技术将能确定性别的孩子的胚胎植入女性子宫中。目前更多地采用堕胎或者流产的形式选择性别。

关于现代技术对性别的选择讨论激烈，说法不一。有人认为对性别的选择有助于医学技术的发展，让人们尽最大的可能去控制生命；也有人认为出于社会因素的性别选择是不对的；还有人认为性别选择本身就是不对的。关于各方的讨论也主要聚焦在使用技术的安全性、可靠性和选择控制程度等问题上。医学技术一定100%能保证选择的正确吗？如何区别是出于遗传病的角度，还是社会因素的考虑进行的性别选择？一旦放开现代技术对性别的选择，对孩子的控制限度在哪里？这些问题都值得我们思考。

二、优生优育

优生优育是让每个家庭都能够生育出健康的孩子，并接受良好的教育。优生优育是利用遗传学原理保证子代具有正常的生存能力，其最大的意义在于防患于未然。[①] 目前关于优生优育的措施包括禁止近亲结婚、倡导遗传咨询和产前诊断等。

（一）近亲结婚

所谓近亲结婚指的是三代或者三代以内有共同血缘关系下的通婚。我国《婚姻法》明确规定禁止近亲结婚，也成了优生优育中最重要的一项措施。关于近亲结婚的实例较多，其中鼎鼎有名的当属法国太阳王路易十四，他和双重表亲的西班牙公主玛丽亚·特蕾莎结婚，由于血缘太近的关系，路易和玛丽亚生下的6个孩子中，只有太子路易活到了成年，但49岁就去世了。最让大家觉得不可思议的是生物学巨匠达尔文，作为生物进化理论之父，他和表姐艾玛结婚，生下的10个孩子，要么早逝，要么智力低下，竟然没有一个是健康的。

由此可以看出近亲结婚的危害。那这是为什么呢？每个家族中或多或少带有突变的致病基因，近亲结婚会导致基因共享，增加了致病基因的概率，更容易导致疾病的发生。那国家为何规定三代之外才能结婚呢？从基因的角度来说，一代之间的共享基因为12.5%，二代之间为3.13%，三代之间为0.78%，四代之间为0.2%，而共享的基因越多，则后代越

[①] 陈竺主编：《医学遗传学》，人民卫生出版社，2010。

有可能患上遗传病。为避免增加患病概率，禁止近亲结婚是一项有效措施。

（二）缺陷患儿

生育健康幸福的宝宝是每一对父母的愿望，据国家卫生健康委员会不完全统计，我国的出生缺陷发病率为5.6%，每年新增90万例出生缺陷患儿，且呈逐年上升趋势。数字的背后是一个个家庭的心酸和无奈，也给社会造成了较大的精神和经济负担。目前的医疗技术，比如婚前医学检查、孕前保健、遗传咨询和产前筛查等为预防缺陷儿的出生提供了可能。但多数产前筛查发现的出生缺陷都是"风险"，这样的"风险"有多大？该不该终止？胎儿出生后是否有缺陷？这一切都还未可知。还有那些没有筛查出却被生下来的缺陷儿，社会又该如何对待？伦理学教授彼得辛格认为让这样的新生儿活下去是一种非人道的徒劳，应该实施安乐死。[①]这一做法不被人认同，被动安乐死让婴儿解脱的例子却有很多。相比生下来以后再决定是否让婴儿解脱，分娩之前做决定似乎更容易。但不管是哪种，做出选择的人都将承受巨大痛苦，也更容易遭遇伦理上的困境。

关于"能不能生"的问题，从来不是一个简单的问题，受到家庭、社会、法律、医学、伦理、经济等多方的考量。但不论"能不能生"，我们都应对缺陷患儿保留人的同理心。

三、辅助生殖技术的伦理问题

辅助生殖技术是采用医疗手段让不育夫妇生育孩子的技术，包括人

[①] 武培培、包庆德：《彼得·辛格实践伦理学若干论题及其争议》，《南京林业大学学报（人文社会科学版）》2012年第4期。

工授精和体外受精级衍生技术两大类。[1] 辅助生殖技术解决了夫妇生殖障碍的问题，使得因不育导致的婚恋、家庭矛盾得到了缓解，也为绝育、丧子的夫妇提供了再育的可能性。辅助生殖技术也能为有遗传缺陷的夫妇提供相应的技术，生育健康的婴儿，但也涉及诸多伦理问题。

（一）试管技术

试管技术是辅助生殖技术的一种，将母体的卵细胞提取出来，置于培养皿中，和筛选过的精子体外受精，成功后移植到母体子宫内妊娠。全球第一例试管婴儿的诞生就引发了一系列伦理争议：有人认为试管婴儿的出生会破坏伦理关系，比如外婆为自己女儿代孕试管的婴儿出生后该称呼谁为妈妈？也有人担心试管婴儿的健康问题，还有人认为"人类在扮演上帝"。从技术层面说，试管婴儿技术本身并不涉及伦理问题，但其衍生技术与伦理有关。比如对精子的筛选，什么样的精子是可行的，与性别有关吗？与未来胎儿的发色、外貌、身高等相应性状有关吗？如果为了某些目的去特意筛选"设计"婴儿，甚至可能会引发社会的动荡。除此以外，技术的滥用，如制造多胞胎、精子的管理等都将成为人们思考的问题。

（二）代孕行为

代孕是通过现代医疗技术将受精卵植入代孕母亲体内，代替其他人完成妊娠和分娩的行为。代孕打破了妊娠与血缘之间的关系，在现代社会引起了很大的争议，无论如何，代孕在我国是违法行为。

抛开法律的角度，代孕在伦理方面也引起了剧烈争议。第一，谁是母亲？通过代孕技术可以看出代孕婴儿至少有两个母亲，一个是提供卵

---

[1] 杨刚、麦庆云：《人类辅助生殖技术的伦理思考》，《中华临床医师杂志（电子版）》2013年第9期。

细胞的遗传母亲，一个是提供子宫的代孕母亲，可能抚养母亲还另有其人，如何界定其中的亲子关系？如果代孕的孩子被弃养，是谁的责任？这对现代社会的公序良俗提供了挑战。第二，如果代孕过程中存在问题，会有"退货"行为吗？孩子是商品吗？代孕将女性的子宫工具化、商业化，是否会形成一种阶级压迫，而造成更大的社会混乱？

关于代孕引发的争议不一而足，就像有人说的，现在最该做的，不是为代孕开道口子，而是关上那道正被漠视伦理的人不断捅开的裂缝。

现代生育伦理是生命伦理学研究的重要内容。随着生物技术的进步，我们可以预测一些原来不可预测的行动后果，迫使我们做出道德上的决定。[①] 这表明，医学面临着前所未有的新难题，对传统伦理观念也提出了新挑战。人们常常会思考：我们应该干这种事情吗？在这种情况下，应该从医学、哲学、社会学、法学、宗教等各方面寻找答案。

【生命阅读】

在人类从生育"必然王国"向生育"自由王国"迈进的历史进程中，一方面，人类在生育领域的自由选择范围和自由选择能力在扩大；另一方面，人类剩余道德责任的范围也在不断扩大。在当代新生育技术条件下，人的生育道德责任的问题比以往任何时候都要突出、尖锐。可以毫不夸张地说，在当代，人类的明天取决于人类自己做出什么样的选择，怎样利用自己的能力和手段。试管婴儿、人造子宫、基因工程等现代剩余技术的发展，对传统自然生育模式带来了巨大

---

① 邱仁宗：《生命伦理学（增订版）》，人民大学出版社，2020，第2页。

的冲击，同时也意味着一种崭新的、代表变革和未来的新型生育道德的产生，其立足点不仅是家庭或家族的利益要求，更不应仅仅是生育者的个人利益和个人幸福，而应当立足于人类的利益和需要、繁荣和幸福，把个人利益与整体利益、个人幸福与整体幸福结合起来，这是生育伦理在现代化应有的发展方向。①

【生命训练】

目前关于基因工程的研究颇多，特别是在现代生育技术方面。有人认为将基因工程运用于现代生育技术定向改变人类，容易被利用成为危害人类社会的武器，也有人认为基因工程可以改变对人类不利的基因，达到优生的目的。你如何看待目前的这两种争论？

---

① 刘晓玲、肖君华：《生育伦理的发展走向》，《光明日报》2004年12月28日。

第三章　生命成长：生命是一个过程

　　生命从无到有，是一个奇迹，甚至是神迹，所以敬畏生命是生命教育理念的起点。个体生命的诞生在相当程度上以一种浓缩的方式重复着类生命的全部奇迹，只是这一过程是在父母参与下并在母亲体内完成的，因此感恩生命成为我们理解个体生命价值的起点。个体生命一旦诞生，就获得了他不可取代的独一无二的价值、意义，他将自己面对从出生到死亡的全部人生历程，这一历程实际上就是个体生命成长的历程，也是个体实现自己全部生命潜能、价值与意义的历程。

第一节 生命成长的八个阶段

【生命导航】

尽管我们的生命起源于天地、诞生于父母，但是在生命的成长过程中，对于我们的个体生命，将由自己承担起主要的生命责任，即我们会逐渐脱离对天地自然以及父母家庭的绝对依赖，逐步形成我们自己的身体特征、心理个性以及生命人格。这一过程实际上也是将天地自然、祖宗父母给我们的生命的自然本性和生命潜能逐渐激发出来，成就自己人格的过程。从生命成长角度来说，生命教育就是领会到生命的历程就是一个不断实现潜能的历程，是一个不断充实生命的过程。

【生命课堂】

一、生命成长与生命任务

罗马城不是一天建成的，一步也不能登天。生命的成长是分阶段的，而不同的成长阶段有不同的生命使命需要实现，只有充分认识和实现阶段性的生命任务与生命使命，个体生命的成长才是充实的。就此而言，圣贤之人亦如是，所以孔子说自己："吾十有五而志于学，三十而立，

四十而不惑，五十而知天命，六十而耳顺，七十而从心所欲，不逾矩。"（《论语·为政》）

人格心理学家埃里克森[①]的生命成长历程论，对我们认识和理解个体生命成长的阶段和使命具有现实的借鉴意义。埃里克森认为，个体生命的成长包括有机体成熟、自我成长和社会关系3个不可分割的过程，经受着内外部的一切冲突，其发展按逐渐形成的固定顺序分为8个阶段。每一发展阶段都有对应的发展危机，顺利地渡过危机是一种成功的解决；反之，则是一种不成功的解决。成功的解决有助于自我力量的增强和对环境的适应；不成功的解决则会削弱自我的力量，阻碍对环境的适应。当然，发展危机的解决并不是按照"全"或"无"的方式进行的。事实上，每一发展危机的解决都存在着"成功"和"不成功"两种成分。所谓成功的解决，只是在这种解决方式中，成功的成分占优势，反之亦然。

二、青年以前的生命成长

（一）婴儿期（0—1.5岁）：信任对不信任

这一阶段的婴儿主要是用口部来接触社会的，此外还通过双眼、触觉接受外界的刺激。在母亲给予照料和婴儿接受照料的相互作用中形成本阶段的发展危机——"信任"对"不信任"。如果母亲对婴儿给予爱抚和有规律的照料，婴儿将产生信任感；反之，如果母亲的爱抚和照料有缺陷、反复无常，婴儿就会产生不信任感。在这一阶段，婴儿既产生

[①] 埃里克森（E. H. Erikson, 1902—1994)是美国著名精神病医师，新精神分析派的代表人物。他认为，人的自我意识发展持续一生，他把自我意识的形成和发展过程划分为8个阶段，这8个阶段的顺序是由遗传决定的，但是每一阶段能否顺利度过是由环境决定的，每一个阶段都是不可忽视的。

信任感也产生不信任感，如果信任感比率居多时，就成功地解决了发展危机。但并不是说，不信任感就绝对消极，事实上，一定比率的不信任感恰恰是有利于人的健康发展的。只不过，整体上说，信任感应当超过不信任感。这一原则也适用于其他发展阶段。个体生命成功地解决"信任—不信任"的发展危机，生命人格中便会形成"希望"的品质。具有"希望"品质的儿童，敢于冒险、不怕挫折、不怕失败。相反，如果未能成功解决这一发展危机，个体生命人格中则可能形成"恐惧"的生命特质。

（二）儿童早期（1.5—3岁）：自主性对羞怯和疑虑

这一时期的儿童反复用"我""我的"和"不"等词来表示自己的自主性。但父母则往往不允许自己的孩子为所欲为，而要按照社会的要求来训练他们，控制他们的行为。这一阶段的发展危机是"自主性"对"羞怯"和"疑虑"（或自主行动对羞怯怀疑）的冲突。自主性意味着一个人能按照自己的意愿行事，羞怯和疑虑则来自社会的期待和压力。如果父母训练过严和不公正地体罚就会使儿童产生羞怯和疑虑。如果自主性对羞怯和疑虑的发展危机得到成功解决，在儿童的生命人格中就会形成"意志"的品质。如果不成功地解决这一发展危机，则会在个体的生命人格中形成"自我怀疑"的特质。

（三）学前期（3—6岁）：主动性对罪疚感

这一阶段的儿童表现出制订计划、订立目标，并积极保持以达到目标。他们对性别差异开始产生特别的好奇心和求知欲。本阶段的发展危机是"主动性"对"罪疚感"（或自动、自发对退缩、愧疚）。顺利渡过前两个阶段的儿童，已经认识到自己是人。在这一阶段中，他们所面临的问题则是，他们能成为什么样的人。他们尝试检验各种限制，以便确定什么是允许的，什么是不允许的。如果父母鼓励儿童的主动性和想象力，他们便会获得创新精神,并成功离开这一阶段。如果父母嘲笑或挖苦儿童的创造性和想象力,儿童则会丧失自信心。当他们回想起自己被父母讥笑的行为时,就容易产生愧疚感,因而只能活在别人为其安排好的狭隘的生活圈子中。如果在这一阶段中儿童发展了较多的主动性或进取精神,就会在生命人格中形成"目的"的品质;如果未能成功地解决本阶段的发展危机,则在生命人格中就会形成更多的"无价值感"。

(四)学龄期(6—12岁):勤奋对自卑

在本阶段,儿童转向学习各种必要的谋生技能和使自己成为社会生产者所具备的专业技能。在这一阶段,从所要学的课程中,儿童产生了一种勤奋感,这种感情将使儿童满怀信心地在社会中寻找自己的工作。如果儿童不能发展出勤奋感,就容易产生自卑感。因此,本阶段的发展危机是"勤奋感"对"自卑感"(或勤奋、进取对自贬、自卑)。勤奋感占优势的儿童,其生命人格中就形成了"能力"的品质;如果不能成功地解决本阶段的发展危机,则在生命人格中会形成"无能感"。

(五)青年期(12—18岁):同一性对角色混淆

青春期的主要任务是建立一种新的"自我同一性",其发展危机是"同一性"对"角色混淆"(或自我统合对角色混乱)。"自我同一性"是一种"熟悉自身"的感觉,一种"知道自己将会怎样生活"的感觉,是在说明预期的事物时出现的一种"内在的自信"。自我同一性包括多方面的内容,诸如社会与个人的统合、个人的主体方面与客体方面的统合、自己的历史任务的认识与个人愿望的统合,等等。如果青年在这一阶段不能建立良好的自我同一性,就会产生"角色混淆"和"消极的同一性"。角色混淆是指,不能选择自己生活的角色,或者只是口头上承担一定的角色,但很快又改变角色。消极的同一性(或反向认同)是指,获得为一定的社会文化所不予认可的、令人厌恶的角色。为了避免同一性的提前完结，避免过早接纳四分五裂的社会角色，他们有时就会进入一个心理社会的合法延缓期。例如，有些青年在作出最后的决断之前，会选择暂时离开大学去旅行，或者去尝试不同的工作。随着自我同一性的形成，一个人就具备了"忠诚"的品质。如果不能成功地解决本阶段的发展危机，就会在生命人格中留下"不确定感"。

三、青年以后的生命成长

（一）成人早期（18—24岁）：亲密对孤独

只有建立起良好的同一性的青年，才能担当起成年早期的任务——与异性伴侣的亲密关系，因为，只有当一个人能够确保自己的同一性时，才能在与别人的真正共享中忘却自己、成就对方，并与对方达成真正的感情共鸣。比如，如果一个男青年只关注自己的"男子汉"气概，他就不可能成为一个最好的"情人"，因为他会过分注意自己，不能毫无牵挂地、无私而温柔地对待异性伴侣，因而难以与异性伴侣达到真正的感情共鸣。本阶段的发展危机是"亲密"对"孤独"（或友爱、亲密对孤僻、疏离）。如果一个人在第五阶段形成的友爱亲密胜过孤僻疏离，那么他就形成"爱"的品质。这种爱，是一种永远抑制内在分裂机能的互相献身。相反，如果不能成功地解决本阶段的发展危机，则会导致青年乱婚。

（二）成人中期（25—65岁）：繁殖对停滞

这一阶段的成年男女已经建立了家庭，他们的兴趣开始扩展到下一代：生儿育女，关怀下一代的健康发展。他们进入"繁殖"对"停滞"（或精力、充沛对颓废、迟滞）的阶段。这里的"繁殖"具有广泛的含义，不仅指对下一代的照料，而且指通过工作创造事物和思想。一个没有"繁殖"感的人，是一个"停滞并人际贫乏"的人。如果一个人的繁殖感高于停滞感，那么在其人格中就形成"关心"的品质。具有这一品质的人，能自觉自愿地关心他人的疾苦和需要，能给他人以温暖和爱。反之，则形成"自私"的品质。

（三）老年期（65岁以后）：自我整合对失望

通常把老年看成是身心衰老时期。他们丧失了体力和健康，失去工作，收入减少，随着时间的流逝，还可能丧失配偶、亲属和朋友。因此，老年人一方面必须作出身体和社会的适应，另一方面也必须在内心斗争中实现自我整合，即保住自己的生命潜能，用以维系生存。这一阶段的发展危机是"自我整合"对"失望"（或完美无缺对悲观沮丧）。如果一个人在前面7个生命阶段都能够顺利渡过，他肯定是一个有幸福生活和有所贡献的人，他们因此而有"完善感"和"充实感"，而不怕死亡。这种人在这一阶段回首往事时，自我是整合的，怀着充实的感情准备告别人间。而总是回首以往失败的人，则体验到失望感。由于他们生活中的某一或某些主要目标尚未达到，因而不愿匆匆离开人间，没有面向死亡的准备。如果一个人的自我整合胜过了失望，他就有了"智慧"的品质，即能够以超脱的态度对待生活和死亡，反之，则导致"无意义感"和"失望"。

【生命阅读】

一位农夫有两只水桶，他每天都用扁担挑着两只水桶去河边打水。时间长了，其中一只水桶出现了裂缝，因此每次农夫到家时，这只水桶总是会漏得只剩下半桶水，而另一只桶总是满满的。就这样，日复一日，农夫每次只能担回家一桶半水。完整的桶很为自己的完美无缺感到得意，而有裂缝的桶自然为自己的缺陷和不能胜任工作而感到羞愧。一天在河边，有裂缝的桶终于鼓起勇气向主人开口："我是一只有裂缝的水桶，只能替你担半桶水到家，我觉得很惭愧，你为什么不换掉我呢？"农夫回答说："你注意到了吗？在你那一侧的路边开满了鲜花，而另外的一侧没有鲜花。我早就看到了你的裂缝，于是在你那一侧的路边撒了花籽。我每天担水回家的时候，你就在给它们浇水。两年了，我经常从这路边采摘鲜花来装扮我的餐桌。如果不是因为你所谓的缺陷，我怎么会有美丽的鲜花来装扮我的家呢？"

【生命训练】

1. 生命有潜能吗？它在哪儿？
2. 肢体残缺与精神残缺有什么差异？

第二节　生命成长的三次断奶[①]

【生命导航】

生命的成长是分阶段的，而每一个阶段都有一些根本性的成长任务和成长体验，这种根本性的任务和体验犹如"断奶"一样，会

[①] 何仁富、汪丽华：《生命教育十五讲》，中国广播影视出版社，2018，第37—41页。

给我们的生命留下独特的感受和印记。因此，个体生命在成长过程中必须明晰所处阶段的根本任务及其"断奶"体验。

○【生命课堂】

一、"断奶"的生命意涵

在文化学和生命学意义上，"奶"不只是一个象形的乳房，而是生命存在和成长的根基。所有哺乳动物都是靠母亲用乳汁给予新生命最初的营养，都是"哺乳"长大的。人也不例外。但是，所有的哺乳动物又都不是要一直靠母乳喂养的，在一定年龄和阶段，必须"断奶"而让小生命自己寻找新的营养源，学会自我营养。人也不例外。

从生命学视域看，"断奶"蕴含着丰富的生命意涵：

第一，母乳作为上天赐予我们的天然营养，只能是我们最初的营养而不可能是终身营养，没有人也没有任何哺乳动物可以终身依靠母乳成长，因此，断奶是必然的也是必要的。

第二，母乳之所以不可能作为我们成长的终身营养，一则是因为伴随着我们个体生命的迅速成长，母乳本身的营养已经不足以支撑我们自己生命成长所需的营养；二则是上天的造化，要我们每个个体生命必须自己担待自己。

第三，断奶不是一件轻松的事情，而是一件对母子都很痛苦的事情。对母亲来说，意味着原来与她一体的小生命现在将慢慢地远离她，她不再是这个小生命的绝对必要的担待者；对于小生命来讲，他（她）突然丧失了一直作为自己生命全部营养的母乳，不仅有饥饿的危险而且还有

"被抛弃"的失落，他必须学会适应新的食物，离开母体生活。

第四，断奶并不是不要营养，而是自己开始找寻新的营养源，通过自己的劳作营养自己的生命，哪怕这些劳作是最简单、最原始的，比如咀嚼。这种劳作就是生命成长，这些新的源源不断的营养源可以提供新生命以更加丰富的营养，如此生命可以成为一个自主的生命个体。

第五，断奶可以有时间上的早与晚，也可以有方式上的主动与被动，但是只要是断奶，必定会带来迷茫、彷徨，甚至饥不择食、慌不择路。当然，断奶所得到的，则是新的生活世界，一个完全可以自己做主的生活世界。

二、生理断奶与心理断奶

对于绝大多数哺乳动物来说，只需要最初的这次直接断奶就会实现个体生命的独立，在初次断奶以后，他们便可以自己学会咀嚼甚至寻找食物，安顿自己和成长。人是所有哺乳动物中本能最弱小的，因为人几乎不能够靠本能生存下来。但是，人也是所有哺乳动物中最强大的。因为人的生命主要不是靠本能维持和发展的。也因此，人之所以成为人，不能靠本能化的一次断奶来完成，而必须逐步摆脱依靠本能的状态而成长，靠人类所独有的力量来支撑自己的生命。人是一种独立的身体、心理、灵性精神合一的生命存在；人的生命成长就会有生理生命的成长、心理生命的成长以及灵性精神生命的成长；相应地，人的生命成长中也就必然有生理断奶、心理断奶和精神断奶这样三次"断奶"历程。

生理断奶：人的身体生命获得独立。孩子一般在一周岁左右断奶，称为"生理断奶"。良好的"生理断奶"可以让孩子的自然生命即身体获得充足的营养，能够很快学会自己站立并独立行走，并学会自己吃饭而获得身体所需的营养。这次成功的断奶标志着我们作为一个独立的生命个体跨出了一大步，即可以脱离母亲的怀抱而自己获取营养和支配自己的身体。这是了不起的一大步，是我们自然生命真正成为一个人的标志，因为直立行走正是作为人和其他动物的最大区别。

心理断奶：人的心智生命获得独立。孩子长到十三四岁时，便进入心理上逐步与父母及其他成人割断关系，并逐步走向自立的阶段，这一过程叫作"心理断奶"。这一阶段关系到孩子能否健康步入成年期。心理学家研究发现，处于"心理断奶"期的孩子，感情波动最大，他们向往独立又难以自立，常自以为已经长大成人而不再对父母言听计从，但在行动上常常表现得幼稚和偏执，一遇到困难、挫折，往往会气馁、苦闷、彷徨，长此以往，性格容易变得孤僻、脆弱。心理断奶的过程是个体生命成长过程中走向心智成熟的阶段。这一阶段，个体生命开始在知、情、意方面寻求自我成长，也即开始形成自己的"个性"。

"知"是人的心智生命的基础内容，代表"理解"，知包括对外在世界、对自我与外在世界的关系，以及对自我整体生命的认知与理解。在"心理断奶"期，也正是个体生命求知欲望最为强烈的时期，适当而合理的知识储备，对心智成长具有重要意义。

"情"是心智生命中的"协调"机关，情可以包括与特定个人的感情，如亲情、友情、爱情等，也包括自己情绪情感之"未发"与"发"的协调，还包括更高层次的审美感受以及博爱情操。在"心理断奶"期，个体生命的情正在成长中，还不稳定，但是又相当丰富。

"意"是心智生命中的意向或者意志，作用在于"抉择"。"知"强调对"过去"的"理解"；"情"强调对"现在"的"协调"；"意"则强调对"未来"的"抉择"。因此，"意"是一个个体生命走向创新的契机，而由于这个阶段的"意"还处于成长阶段，因此，"英雄崇拜"或者"偶像崇拜"会成为"意"的成长的一个重要指向。崇拜本身有一种提升自己的力量，因为人在崇拜时会自动修正自己的某些行为，向崇拜的对象看齐。一般地，崇拜偶像的年轻人会每隔几年换一个偶像，以便自己不断地成长，如此一来可以随着自己成长的轨迹慢慢走向未来。而且，偶像崇拜也会逐步从"身"方面的偶像（外貌、身材、技艺等方面表现出来的可见的成就）向"心"层面的偶像（睿智的头脑、人道的心胸等表现出来的成就）转换。

三、精神断奶与精神成人

人不只是有心智生命和身体生命的生命存在，还是一种可以为自己的生命与生活赋予意义的生命存在。这种赋予生活以意义的事物就是"精神"或者"灵性"。"生理断奶"和"心理断奶"可以使人的自然生理生命和心智生命进一步成长，但是即使是知情意的发展也并不意味着人的灵性精神生命可以得到真正成长。这就有如，一个身体健康、心智正常的人，却可能会觉得生活毫无意义而陷入迷茫一样。就个体生命成长来说，还必须有第三次断奶，即"精神断奶"，即为我们的生命安装上自己的方向盘。

灵性精神是我们生命最内在的真正自我，是生命的核心。它的运作就是我们通常所说的"良心"。灵性精神生命的存在实际上包含三个层次：最内在的是信念、信仰系统，它决定我们做什么、不做什么，是真正的生命方向盘；中间层次的是价值观念系统，它依据我们的信念、信仰对各种存在进行价值排序，形成我们的价值观；最外层和最直接显现的是意义赋予系统，它依据我们建立在信念信仰基础上的价值观对我们的现实行为赋予不同意义。"精神断奶"就是让我们内在的灵性觉醒，让我们的良心运作，让我们在精神上成人，为自己的生命探寻方向。用通俗的话说，就是确立自己的人生观、价值观、生死观以及生活观，为自己的生命找到意义。换言之，"精神断奶"就是要把我们的"心"引向"灵性精神"的指引。

心，作为我们的"个性心理生命"，既不是完全生理性的也不是完全非生理性的，它与我们的"自然生理生命"既相关联又有超越。在通常的意义上，作为我们"个性心理生命"的"心"有三种功能，分别指向不同的时间流程，这就是我们的知、情、意。"知"是对世界、自我以及世界与自我关系的认知和理解，其侧重点在于对已经存在的、过去的资源的知性整理，尽管也有"预知"，但是这种"预知"是根据已有的"知"进行有逻辑地推演出来的，而不是直接针对未来的"知"。"情"是对自己内在身心存在的各个方面以及自己生命与外在他人和世界关系的当下协调，侧重于对当下感受的调整。"意"是对自己生命所面对的未来处境以及自己所将要采取的生命活动的抉择和决心，其侧重在对将要发生但还没有发生的事情的一种把握和选择。我们的"心"在现实的生命活动中，往往分别用知、情、意不同的活动方式指向不同的生命存在方面，同时也自我协调。

"知"最重要的是要知"道"。我们"知"不仅仅只是了解世界呈现给我们的"现象"，根本的是要理解这些"现象"背后的"本质"，这些"本质"就是中国传统中所说的"道"。"道"是隐而不显的。因此，"知""道"需要我们根本性的生命投入。同时，"道"是统领世界、人生的根本原则，一旦我们"知""道"，我们便可以在"道"的引领下而把握住世界和人生的方向。"知""道"的能力便是智慧力，是将已有的"知"转化为对"未知"的"知"的能力。但是，从生命教育维度说，仅仅有"知""道"的能力还不够，还必须知行合一，即还必须有行"道"的意愿和能力。"知道"（认识"道"）、"明道"（选择"道"）、"行道"（践履"道"），是人生的大智慧。孔子说，"志于道"（《论语·述而》）；又说，"朝闻道，夕死可矣"（《论语·里仁》）。此处之"志于"和"闻"都不是单纯的"认知"，而是"知行合一"的智慧力。生命教育需要着力培养的，便是这样一种知"道"、行"道"的知行合一的智慧力。

"情"最重要的是情"调"，协调、和谐的"情"即是一种特别的"情调"，否则便没有"情调"。"情"的根本功能不在于了解或者理解"是什么"的问题，而在于呈现"怎么样"，因此本质上是一种"协调"功能，即协调自我身心、心理内部各方面、自我与他人、自我与世界等各个层次的相互关系。"情"让我们直接对所"感受"到的对象采取不同的"态度"或"立场"，并影响我们自己内心的存在状态进而影响整个生命的存在状态。因此，"情"直接影响甚至决定着"意"，中国人通常将二者连在一起言说"情意"。依据不同的"情"，人就会在现实场景中产生不同的"意愿"，采取不同的"态度"和"行为"，于是就有了不同场景中合理的行为选择与实施，此之谓"情义"，即特定的情所标示的恰当的"义所当为"[1]。

但是，"情"作为个性心理生命，其存在有情绪与情感之别。"情绪"联结着身体生命的"情"，是当下的、流动的、易变的、不稳定的某种于肉体生命状态中的直接呈现，它需要我们管理和调整。因为，只是依据

---

[1] 何仁富、汪丽华：《生命教育十五讲》，中国广播影视出版社，2018年版。

"情绪"而生发出的"行为",是没有客观标准的,是生命本身还处于"惑"的状态。孔子说:"一朝之忿,忘其身,以及其亲,非惑与?"(《论语·颜渊》)又说:"爱之欲其生,恶之欲其死,既欲其生,又欲其死,是惑也。"(《论语·颜渊》)而生命的健康与美好,便是力争实现生命的"不惑"。"情感"联结着灵性精神生命的"情",是恒久的、稳定的、意义化的,它潜藏于灵性精神生命中。基于情感的"行为",是有着一以贯之的客观标准的,它是生命处于"明"的状态的表示,所谓"明明德""诚明"是也。但是,情感,尤其是正向的生命情感,是需要我们去培育和推广的。生命教育最重要的目标之一,便是培育和推广"爱"这种人类深层的正向情感,将它从隐藏状态牵引到显性状态,将它从涓涓细流、星星之火的状态推广、培育为可以容纳各种存在的燎原状态。

【生命阅读】

人的德性生命或灵性生命是我们个体生命的方向盘。依据儒家基本思想,每一个人都有上天赋予的基本人性,所谓"天命之谓性"。这个先天人性具有向善性,是我们生命行为展开的基础,表现在人皆有"恻隐之心""羞恶之心""恭敬之心""是非之心",由此而有仁、义、礼、智四德的根基。但是,这四心是很微弱的,如"泉之始达""火之始燃",需要不断充养。而不断的积小善而为大善,便是这样一种充养人性的自我关爱。要实现我们生命的成长,我们必须多有善行,行善迁善。

个人生命的成长总是渐进的,在修行过程中,不可避免会面临各种过错。如何改过修身,也是珍爱我们的德性生命的重要方面。所谓"过",

其实就是我们在生命列车运行中的任何一个刹那偏离了方向。字面意思即走过了"一寸"。常言道：人非圣贤，孰能无过？过而不改，是谓过矣；过而改之，是不过也。

《论语》中，孔子在《学而》篇和《子罕》篇里反复说："过则勿惮改。"不要怕改正错误。但一般人恰恰就是不勇于承认错误，也不勇于改正错误。究其心理，一方面是难过面子关，由于不好意思而文过饰非；另一方面是心存侥幸，以为别人不会发现自己的错误，结果欲盖弥彰，在错误的泥坑中越陷越深。

改过须发三心：知耻心、敬畏心、勇猛心。知耻是从内心里觉悟，是开悟自觉；畏惧是外力的加持，使人不敢胡作非为；勇猛是当下的决心和意志。具备了这"三心"，一个人就能智慧增长、生命成长！

【生命训练】

说一件自己曾经犯的过错，分析为什么是错的。这件过错对你和他人带来了什么影响？现在你还会犯类似的过错吗？

第三节 全人健康的生命成长

【生命导航】

生命成长的历程，也就是生命走向成熟的历程。这个历程尽管在生命的内在结构而言有先后次序，犹如人必须先经历生理断奶实现身体成长，再经历心理断奶实现个性、心理、生命成长一样，再经历精神断奶实现精神成人。但是，真正的生命成长必须是整体生命的健康、和谐成长。

【生命课堂】

一、"自然生理生命"的健康成长

身体是每一个人当下最直接的生命存在。人之为人的一个重要特征就是，他是作为身体而存在的。人的生命存在最基本的目标是能活着，也就是生命的存活，或者说生存。当我们用"身体"来说我们的生命存在时，它并不只是被称为生理层面的血肉形躯（肉体），而是一个由历史、社会、文化所建构而成的存在。

健康地活着。人的自然生理生命的活动，除了生命的自然历程与身体死亡的最终宿命无可选择之外，并不是完全依照生物本能所决定的。即使在自然生理生命的层面，人类也是可以有所选择的。比如，人类可以在活着的时候，选择如何生活，选择如何对待自己的肉体生命以及整个一生。由此，寻求生理与身体的成长、发展与健康，便成为人在自然生理生命层面的基本生命目标。因为一旦身体长期遭受严重病痛，便会影响生命的意义。由此，协助个体生命认知和领会"身"在生命中的基础性地位和功能，促进个人生理与身体的成长与发展，并增进身体的健康，便成为最基础的目标。

快乐地活着。人在生活中都会寻求生理性、物质性的美好，或者感官体验的美好。例如，食物不只是用来维持生存，人们也会寻求色香味俱全的美食；房舍不只是用以遮风避雨，人们也会寻求精美华丽的住所；甚至，身体也不只是寻求成长与健康，也会寻求外观的美好。但是，人的感官体验是可以被不断纵容的，物质的需求与满足可以无休无止、无穷无尽。而无休止地被激起物质需要，往往会成为人不断丧失满足感与幸福感的罪魁祸首。因而，客观上，过度的物质诱惑，可能会使一个人需求无度。终其一生，永远也无法获得物质的真正满足感，以致只能抱憾而死。因此，指导个体生命了解和认识物质欲望对于生命存在的现实价值，指导个人学习对物质欲望的适度期待，并减少对物质欲望的沉迷，便成为更进一步的生命教育目标。

充满希望地活着。生命活动在自然生理生命层面所显现的生活，是物质性的人生境界。这种生活当然是人的生命与生活不可缺少的一部分。但是，如果过度以这个层面作为生命活动与现实生活的重心，便是沉溺，沉溺于物质的人生境界。这种沉溺，会让我们的生命陷入一种永不能满足的绝望中。因此，指导个体生命了解和充分理解"自然生理生命"的真正意义在于，在灵性的引领下，成就"心""灵"，进而引导个人关注心理与灵性的成长与发展，便成为"身"层面的生命教育的最高目标。

二、"个性心理生命"的健康成长

"心"是我们生命存在的活动中枢。如果说，"身"往往给人外在感，似乎有与自己"对立"的样式，那么"心"则是自我的内心，是与我自己的生命存在完全一体的。我们用心去觉知，用心去体验，用心去意愿。心，作为我们的"个性心理生命"，既不是完全生理性的也不是完全非生理性的，它与我们的"自然生理生命"既相关联又有超越。心理学家马斯洛将我们的"心理"描述为与我们的自然生理生命关联程度不同的四种"需要"，个体生命除了生理需要以外，心理安全、爱与归属、自尊、自我实现都属于我们生命的心理活动。

实现自我同一。就个性心理生命而言，其实现"美好"的目标必须是个性自我的自我觉知或者说自主性的建立，而自主性的建立也就是自我同一性的实现。"为了取得个体同一性，个体必须建立起可靠的自我先见之明——一种掌握自己命运，努力实现对个人有意义的目标的感觉。"因此，实现自我认同，建立起基本的自我同一性，并发展积极正向的自我，便是在"心"层面进行生命教育的最基本目标。这种自我同一，包括身心的同一、性别的同一、角色的同一、心理各部分的同一，等等。

实现自我价值。在心理层面，生命的意义主要由生活经验及自我潜能的实现来决定。自我潜能的充分实现和自我价值的充分肯定，便会使自己体验到情感的满足与自尊的获得，这就可以使一个人感到生活有意义，也因此感到生命存在的意义。尤其可以感觉活得自在，活得像自己。这是一种自我充实感、自我完美感。所以，心理层面生命教育的更高目标便是协助个体生命寻求自在圆满的生活，也就是自我实现的生活。

实现人我和谐。在现代社会，伴随着物质条件的改善、医疗条件的进步，一方面个人可以更加容易地获得维持身体健康的基本外在条件；但另一方面，因为人际关系的疏离和追求价值感的压力，个体生命的意义感和健康美好状态遭受新的威胁。总的说来，在现代高度工业化和商业化的社会里，美好健康生活关注的焦点，已经由身体健康转为心理健康。这也正是世界卫生组织关于"健康"定义的核心：健康不仅是身体没有病，还要有完整的生理、心理状态和社会的适应能力。由此，现代人保持健康的主要条件便由食物转为情感。可是，偏偏在工商业社会里，最大的问题也恰恰在人际人群的情感疏离与人际关系的不稳定。这也就是心理问题普遍化的根本原因。由此，"心理"层面生命教育的进一步目标便是协助个人学习有效的人际与人群关系的技巧，以便发展个人觉得有意义的人际关系，并在这种人际和人群关系中获得心理安顿。

三、"灵性精神生命"的健康成长

"灵"的最核心内容是我们的信念信仰系统。信念信仰是"灵"的最内在存在，犹如"硬核"，是灵性引领生命活动的最后和最终根据。它一旦形成，就具有很难改变的一致性，并且通过价值观念系统和意义赋予系统对身、心行为具有强制性的决定力。价值观念系统是"灵"的内保护带，它是依据个体生命的信念信仰系统而派生出的自我保护的价值系统。"灵"的最外在和最直接的表现是意义赋予能力，即根据由"信念信仰系统"所决定的"价值观念系统"所排出的价值序列，对生命活动中的各种"现象""事件"等赋予不同的意义，从而为生命活动确立方向和找寻理由。

由于灵性是隐藏的，是非生理性的，但又决定着生命的方向和意义赋予，因此，灵性层面的健康成长，最主要的是如何获得灵性的觉醒，以便由自己的灵性来统领自己的身心，为自己的身心活动乃至整个生命活动赋予自己的意义。这个灵性觉醒的过程，实际上也就是个人发现生命存在的意义，建构和提升自己人生观和价值观的过程。这个过程，以协助个人发现其自我生命存在的意义为起点，进而发现他人的生命意义，发现宇宙万物各自的存在意义，而以顿悟人与自然之间的天人合一关系的意义为极点。

通过"知"来接触"灵"，主要是学习人文学科的知识，譬如艺术、文学、宗教、哲学等，尤其是接触那些伟大的人文经典。通过这些学科，可以了解艺术家、文学家、宗教家、哲学家的思想和体验，并且以此对照自己的经验。在这种思考及想象的过程中，自然就会与"灵"发生接触，并且能够保持互动的关系。自然科学的知识总是将一切物质化，甚至将生命也物质化，它无法使人接触到"灵"。科学家只想到求真，却忽略了其他方面。

通过"情"接触"灵"，主要是将我们的情通达于他人及万物。情是我们的内心状态。人皆有心，因而人也皆有情。当我们把情投入他人时，就会有感通。在我们对陌生人的苦难甚至动物受伤产生同情时，在同情的那一刹那，我们的生命和其他人的生命，甚至与动物的生命就相通了。这种"通"就是"灵"的显现。一个人如果慈悲为怀，就连看到草木被风吹倒，心里都会觉得有点难过、有点遗憾，他所感触的其实不只是这些草木本身，而是对宇宙万物普遍的情感。这种普遍情感的基础，也就是"灵"。

通过"意"接触灵"性"，主要是学会一念翻转的意愿取舍。意是一种追求，是一种"要"，然而，真正的"要"其实是能够做到"不要"的。如果能够把"要"翻转为"不要"，将会感觉生命没有了遮蔽。因为"要"是占有，"不要"则是不占有。能够不占有，就会发现自己其实什么都不缺。就如我们在爱中，通常是有爱便有恨，爱有多深恨就有多深。但是"灵"的翻转在于，你可以做到敢爱敢不恨。

【生命阅读】

人生如四季，青年如春，壮年如夏，中年如秋，老年如冬。四季各有其景象。除非圣人，人难兼备四时之气于一时。青年，壮年，中年，老年，应各有其适宜而合理之人生。

老年应如冬日之可爱，以一慈祥和煦之心，护念后生。

中年应如平湖秋月，胸怀洒落，作事功成而不居。

壮年应如花繁叶密，枝干坚固，足以开创成就事业。

青年应如春风拂弱柳，细雨润新苗，和顺积中而英华外发。

青年自然有朝气，因其原在生长。青年自然纯洁，因在生长之嫩芽上，纵有一点灰尘，亦因其生力推动，而随风吹去了。

青年生长时，其嫩芽要长成大树。他所向往的是头上碧茫茫的太虚，而要求顶天立地。所以青年可以有开拓万古之心胸，推倒一世豪杰之气概。

青年自然富于正义感，要求其各方面才能之充量的平均发展。草木之生也直，人之生也直。一直向前生，即正直、正义感之泉源。健全的草木之生长，左一枝，右一枝，花花相对，叶叶相当，必求平衡。青年依其本性，总在堂堂正正的大道上行。他在一时可有所偏向，只看光明在那里为定。如向日葵之依日之光明在那方，他便向那方偏。偏向光明，偏亦是正，亦是中。

这些都是青年的生机，青年的德性。春天是造物者对大地的恩惠，青年是造物者对人类的恩惠。但青年的德性，亦是造物者给予青年的恩惠。此不是经青年之自己努力而成，是青年之天德，而非青年之人德。青年不应在此骄傲。青年的责任在依自觉的努力，继天德以立人德。如果你只恃青年的天德，以为借此可以傲视颓败的中年与老年，你便要知，青年转瞬即成壮年，成中年，成老年。青年的德性，随青年以俱来者，亦将随青年以俱去。人类毕竟不只是草木。人之尊贵，在以人力夺天工。人不应自然地生长，自然地衰朽。[1]

【生命训练】

1. 我是谁？我要成为谁？
2. 我怎样才能成为我希望成为的样子？

---

[1] 唐君毅：《唐君毅全集（卷6）》，九州出版社，2016，第1—5页。

第四章 生命成熟：成为真实的生命

在您阅读完生命的起源、诞生、成长、境遇（挑战）等章节之后，或许对"生命"有了初步的认识，尤其是在经历了成长的苦恼、生命的种种困扰之后，我们将进一步了解"生命成熟"这一主题。尽管"生命成熟"可能是终生之事，正如同生命成长是终生之事一样。

第一节 生命成熟

【生命导航】

生命如同一条河流，我们很难为其截取固定的分期；但是，人生在不同年龄阶段确实又有着不同的角色和分工，因此我们可以自觉地去审视生命的各个片段乃至整个生命。通过对生命的审视旁观、自觉完善，以此来珍视生命的不同阶段，建构充满爱的生命关系，进而享受生命这一爱的礼物。在这一过程中，我们慢慢走向生命的成熟。

【生命课堂】

一、"生命成熟"的内涵

"生命教育"的概念是美国20世纪60年代针对青少年吸毒、自杀、他杀、性危害等现象高发而提出的。其内涵是倡导认识生命、珍惜生命、尊重生命、爱护生命、享受生命、超越生命，提升生命质量，创造生命价值。美国的杰·唐纳·华特士（J.Donald Walters）于1968年在加州创建"阿南达村"学校，开始倡导生命教育的思想，被认为是现代生命教育的开始。在华特士看来，教育是为了使人获得真正意义上的"成熟"。他说："教育要带领孩子们达到某处，从这一点来讲，早期教育必须是进步的。那么到底应该将他们引至何处？把那些抽象的理论先放在一边，简单、明显和最基本的答案是：引导他们从不成熟到成熟。"[1]

在华特士看来，"成熟"不仅是与年龄相关的简单概念。成熟意味着一种特定关系的建立。真正意义上的成熟，意味着能和自己，和其他存在建立起愉快和谐的关系；不成熟，则好像由于愿望不能被满足而躺在地上耍赖的孩子。

---

[1] J.Walters, *Education For Life: Preparing Children to Meet the Challenges* (Nevada City, Crystal Publishers, 2003), P.22.

在生命走向成熟的过程中，如何与其他存在建立起和谐关系至关重要。现实教育往往仅重视学术能力的培养，而忽视培养学生建立和谐关系的能力。因此，人们在生活、交往与解决问题的过程中，往往只愿意站在自己的立场上而忽视或者根本不顾他人的立场。虽然看起来人们能够从不同的角度来看待事物，但实际上往往只是为了证明自身观点的正确，而并不能在事实与人、事实与事实、人与人之间，建立起恰当的联系。这正是生命不成熟的表现。

华特士用"孤岛遗民"来比喻这种不成熟的状态，说这种状态，就像生活在孤岛上的一些遗民，他们之间的交流，就好像站在相距十万八千里的两个孤岛上互相喊话，不论他们叫喊的时间有多长，孤岛仍是孤岛，他们听不到对方的声音。只有当人们获得建立和谐关系的能力，也就是逐步获得这种意义上的成熟，才能结束这种孤岛遗民的状态，从而开始倾听对方的话语，理解他们的意图，并与自身的理解联系起来，以获得新的见解。这时的对话，才能为所有的参与者带来新的智慧。生命教育即指向这类对话关系建立意义上的生命成熟。

二、走向"生命成熟"的方式

华特士指出，人们天然地通过四种基本方式同世界建立联系：身体、情感、意志力和智力。华特士认为，人们能否与世界建立起和谐关系，关键在于能否使身体、情感、意志力和智力发展出成熟的品质，成为个体走向成熟的有效方式。

首先是身体。身体是人类生命的物质基础。通过身体，人类与周围的物质世界直接相连。如果个体不能发展出健康的体魄和对身体的自控能力，身体就可能从协助个体成熟的朋友，变成阻碍个体发展的敌人。①

其次是情感。人们总是带着情感回应世间万事。如果一个人常常处于强烈的恨与爱中而焦躁不安，就会感情用事而不能真正地倾听他人。华特士强调，思维能力是自然赋予人类探索未知世界的有效方式；而情感，作为另一种方式，当其处于平和的状态时，对人类的发展而言则更为重要。

再次是持久积极的意志力。它帮助人们战胜自身的缺点，如贪婪、懒惰、怯懦等，进而实现人生目标。华特士强调，所有成功人类的共同特点，就是他们不会觉得"我不能"。如果一种方式行不通，他们会换另一种方式，如果还不行，再换。他们会不停地尝试，直到找到可行的方式。在现实生活中，有很多人经过一两次漫不经心的尝试就丧失了继续往前努力的勇气；有很多人口头上说一说，仅仅纸上谈兵就妄图任务能够自己完成；也有很多人，只是因为遇到了一点小小的挫折，就完全放弃努力了。②

最后是智力。智力是人类理解的工具。如果没有清晰的思维力，我们不但对外在的物质世界混混沌沌，更不可能清醒认识自身的人生经历。华特士认为，现代教育虽然重视发展人的思维能力，但割裂了它与前三者的联系，因此不能得到完全的发展。

作为生命成熟的四种工具，身体、情感、意志力与思维能力的发展，始终是联系在一起的，它们彼此依存，相互影响。虽然每个人在身体、

---

① J.Walters, *Education For Life: Preparing Children to Meet the Challenges*, (Nevada City, Crystal Clarity Publishers, 2003), PP.14—15.

② J.Walters, *Education For Life: Preparing Children to Meet the Challenges*, (Nevada City, Crystal Clarity Publishers, 2003), PP.106—107.

| 第四章　生命成熟：成为真实的生命 |

情感、意志、思维等方面的能力倾向不同，但真正的"成熟"是身体、情感、意志和思维的平衡发展。任何一个方面的偏废都将打破平衡，这也就意味着，作为一个生命，这个人是不成熟的。

【生命阅读】

"生命成熟"是华特士生命教育体系的核心概念。在华特士看来，"成熟"意味着能和自己、和其他存在建立起愉快而和谐的关系；"不成熟"则好像由于愿望不能被满足而躺在地上撒泼的孩子。[1] 华特士认为，人类个体生命从出生到死亡，要经历4个走向"成熟"的周期。[2] 每一个周期有不同的"成熟"任务：

从出生到24岁左右是第一个成熟周期。这一周期的主要任务，是发展出成熟所需要的4种"成熟工具"，即对应于身体、情感、意志力、智力的：健康，能对身体进行自控；情绪稳定，感情丰富；积极的、持久的意志力；清晰敏锐的思维能力。这一周期的"成熟"是为接下来的人生打下坚实的基础。

从25岁到48岁接下来的24年属于第二个成熟周期。在这一周期内，个体生命主要是在为获得物质上的成功而忙忙碌碌。

大约从48岁开始，个体开始进入第三个成熟周期。在这一周期内，个体不再踟蹰于物质上的追求，而是致力于用自己所获得的人生经验教导年轻人。

---

[1] J. Walters, *Education For Life: Preparing Children to Meet the Challenges*, (Nevada City, Crystal Clarity Publishers, 2003), P22.

[2] J. Walters, *Education For Life: Preparing Children to Meet the Challenges*, (Nevada City, Crystal Clarity Publishers, 2003), P109.

大约从72岁开始，个体进入了最后一个成熟周期。这一时期是冥想与沉思永恒真理的理想时期。在这一周期内，个体不再用自己积累的所谓知识教导年轻人，而开始与他人分享在漫漫人生道路上获得的人生智慧并为迎接死亡做准备。

个体身心的变化与发展是按照一定顺序，在人生的不同阶段中发生的。其中，个体生命成熟的第一个周期（从出生到24岁左右）包括4个成熟阶段：身体阶段、情感阶段、意志阶段、思维阶段。

身体阶段：从出生到6岁左右。在这一阶段，孩子发展出第一种成熟工具：健康，能对身体进行自控。

情感阶段：从6岁左右到12岁左右。在这一阶段，孩子发展出第二种成熟工具：情绪稳定，感情丰富。这6年是天然的英雄崇拜时期。因此，这一时期应加强情感意识的教育，积极向儿童提供适当的角色形象与人物典范，向他们讲述伟人的事迹，用英雄的壮举来激发他们积极向上的情操。

意志阶段：从12岁左右到18岁左右。在这一阶段，孩子发展出第三种成熟工具：积极的、持久的意志力。伴随着青春期的开始，孩子的自我意识明显地显现出来。这时应该有意地给他们出些难题，用挑战与挫折来锻炼他们的意志；或者鼓励他们付出爱心，为他人服务，培养他们的责任心，使他们学会奉献，学会关心他人。这些都能引导儿童意志力的正向发展，帮助儿童学会自控与自律，形成积极向上的人生态度。

思维阶段：从18岁左右到24岁左右。在这一阶段，青年人发展出第四种成熟工具：清晰敏锐的思维能力。在前三个成熟阶段的基础上，个体最终开始将注意力集中于智力发展。这一阶段所发展出的思维能力并不是指能够聪明地思考，而是具有洞察力和辨别力。

4种成熟工具遵循着由身体到感情到意志力再到思维能力的发展顺序。每一个成熟阶段发展出的成熟工具都为后面的成熟提供准备。第一个阶段对身体的自控和感知的积累为情感的控制以及价值观的形成打下基础；通过游戏的方式来进行戏剧和舞蹈的学习，为情感阶段的发展提供了丰富的情感积累；在前两个阶段中学习的价值观念，将帮助孩子们把18岁作为迈向真正意志成熟的阶段；成熟的身体、情感、意志力为思维力的健康发展打下了坚实的基础。

【生命训练】

你认为"长大了"是什么意思？

第二节　成熟的个体生命

【生命导航】

每一个个体生命都是一个神圣的礼物，不仅源自父母生命之爱的结晶，也意味着上天赋予独特生命的尊严。因此，我们需要自觉地认识自己的生命、接受自己的生命，并进一步持续珍惜自己的生命。自觉地培养自己的理性规则意识，以合适的方式表达情感，由此形成自己的独立人格。

【生命课堂】

一、认识自然生命，促进身体健康

从生理层面而言，每个学生的生长发育是不同的，此种不同甚至可以追溯至其胚胎乃至降生时期；不仅各自的遗传基因不同，各自的生命成长环境也不同，因此各自的个体生命都以一种独特的方式展开。从心理层面而言，每个学生的心理也是独特的；此种独特性不仅有其生理基础，也与其成长环境有关，更与其心理引导调适有关。因此，有些人发育早一些，有些人发育迟一些；有些人肢体健壮，有些人体型瘦小；有些人头发乌黑，有些人皮肤白皙；有些人温和善良，有些人情绪不稳……正因为这些不同，也意味着每个生命都是独特的，是不可替代的，其尊严不容侵犯。

（一）认识自己的身体[1]

与小学以及幼儿园时期相比，中学生的身体显得更强壮。不仅有着较高的免疫力，而且有着较强的适应性。因此，从生理角度而言，中学生的身体是一生较为健康的阶段。但是，我们不应忽视此种健壮身体的脆弱性。

由于中学生身体免疫力强，因此反而缺乏运动、忽视照料。青少年时期有着较好的身体基础，但是往往因此而过于大意，比如随意地熬夜、吃冷饮；有些学生也缺乏运动，沉浸于手机，沉迷于网络。由此形成的损害虽然不会很快表现出来，但是，这种对身体的损害是积累式的。

---

[1] 弗兰西斯·詹森等：《青春期的烦"脑"》，王佳艺译，北京联合出版公司，2017，第15页。

意外伤害问题。固然,因为青少年时期的身体生理条件优势,青少年很少去医院;但是,由于青少年时期情绪易冲动,因此由"意外伤害"造成的生命损害乃至悲剧居高不下。比如交通事故造成的伤害,比如过度饮酒造成的伤害,青少年身体对饮酒有较强的耐受性,表面"不醉"实际上已远超身体的可接受度,因此易发生意外伤害。

发掘身体优长。除了上述自觉认识身体的脆弱性之外,也要自觉发掘、发现与培养自己身体的"优长"。在这一阶段,有些同学有运动方面的特长,有些同学对色彩极为敏感,有些同学对声音有着较强的感知性,这些都有生理方面的基因优势,通过发现、发掘与自觉培养,会更容易培养自信,并享受自己的生命礼物。

(二)接受自己的身体

第一,平凡身躯的种种可能性。不必讳言,并非每个人都有自己的"特长","天才"式人物总是少数的,大部分中学生都是芸芸众生中的一员。但是,平凡并不等于平庸。或者说,正因为自己没有"某一方面"的特长,自己才可能在任何一个方面具有培优的可能性;任何一个方面都是自己走向"卓越"的备选项。

第二,独特身体与美的追求。从外貌特征而言,并非每个人都符合现行的审美标准。但是,这并不影响每个人都去追求美、追求真、追求善。不同时期的审美标准是在变化的,因此,对美的认知并不等同于外在"美"的标签,关键在于自己对"美"的认定以及追求。

每个人的身体都是独特的,因此,接受自己的身体,便是接受自己的独特性,基于自己的独特性去追求美,由此是对自己独特性的完善、提升和实现。

（三）爱护自己的身体

人的身体是强大的，有着较强的抵抗力；同时也是脆弱的，有时候甚至弱不禁风；尤其是面临青少年时期高风险的"意外伤害"困扰。因此，对自己身体的爱护，应当成为一种底线法则。这不仅意味着需要认识青少年的身体特点，也意味着需要养成一种良好的作息与锻炼身体的生活方式；同时，也意味着自觉地抵制对身体的损害，比如对"意外伤害"的警惕与避免。

对身体的爱护，深层在于对生命的尊重和爱。生理层面的嘘寒问暖，实际上表达了心理层面的关心、牵挂与爱护。在此基础上，我们将更进一层，直接关注人的心灵。身体是心灵的居所，心灵是人性的特质。因此仅仅身体康健、四肢发达是不够的，生命成熟的典型表现之一是"心灵"的觉醒与"心理"的重建。

二、认识心理生命，维护心理健康

（一）认识中学生的心理特点[①]

中学生的心理特点一般被称为处于"狂风骤雨"期，不仅情绪反常、易激怒，而且多愁善感、心思多变。这一时期的心理特征常被贴上"逆反""叛逆"的标签。甚至有家长和老师表示，当代的中学生似乎"更难管""更叛逆"。但是，若以莎士比亚的剧作《罗密欧与朱丽叶》为例，可以看出当时的青少年心理特点与当代别无二致。

贴标签是容易的，但是，真正需要做的是自觉认识中学生的"心理特点"。第一，仅仅基于自己的经验是不够的。这意味着，父母和老师

---

① ［美］伯克：《伯克毕生发展心理学》，陈会昌等译，中国人民大学出版社，2013，第387页。

仅仅依据自己的教养经验认识青少年中学生是不够的，还要多看看心理学家的研究。第二，青少年自己其实也多需要审视自身。作为当事人，青少年自己对青春期特点并不了解，学校也无对应的课程，因此，他们其实也被蒙在鼓里。只是凭借自己的身心特点行事，至于为何如此，很难说他们心知肚明。

因此，对中学生心理特点的认识，是家长、老师和学生的"共业"。但是，家长各有自己的工作，可能很多人对"青少年心理学"无任何了解；学校老师或许有丰富的授课经验，但是对"青少年心理"的研究成果并无跟进把握，而且也不作为考核项目；学生自己基本上也不会自觉去看"青少年心理学"类的书籍。

所以，生命教育其实需要家长、老师、学生共同参与，而不仅是指导学生做好自我生命教育，家长和老师自身也需要继续学习生命教育。

这一点，我们做得还远远不够。面对的心理问题是极度复杂的，但是，在应对能力上，我们还处于"小学生阶段"；虽然力不从心是难免的，束手无策也是常态，但许多悲剧本可以避免。

生命教育，其中的一个目标是避免悲剧的发生。培养、优化生命品质还在其次。

（二）心理问题与复原力培养

人心是复杂的。对成人而言，即便是夫妻双方，也很难说知道对方心里在想什么。对青春期的中学生而言，固然你每天接送他上下学，每天看着他进屋写作业，每天按时给他准备好饭菜。但是，他进屋关门之后，在做什么？你是不知道的。即便有的父母穷尽"监控"之能事，比如在门上安窗，在室内安监控，但是，孩子的内心，于父母而言，永远是个"未知黑洞"，那是监控不到的。然而，恰恰因为监控不到，孩子才会独立完成自己的生命历程，走向生命的成熟。

作为生命体，孩子需要守护自己的隐私，需要守护自己的秘密；正如同任何一个成人都有自己的心灵密室一样，同样是人，倘若父母总想洞观一切，大约只是不切实际的痴心妄想。那样做的话，只会让孩子更加防范、警惕和不信任。我们要做的是慢慢学会尊重孩子，同时慢慢与其建立信任感，彼此愿意谈心。其他都无济于事，心是自由的，你可以捆绑其手脚，但无法束缚其心灵。

对中学生自己而言，他们甚至会面临更"陌生"的自我，不仅仅是生理形态的急剧变化，而且也是"心理问题"的集中凸显。课业逐渐加多加重，心理焦虑感逐渐上升，一切都目不暇接，无所适从；还有父母的唠唠叨叨、不着边际和气急败坏。

因此，青春期的真正压力在中学生自身，他们才是痛苦的体验者、承载者，而且处于力不从心的阶段。向往着独立，却无法脱离对父母的依赖；渴望着自由，却无法摆脱繁重的学业；期待着认可，却无法弄清何谓真正的方向；爱美喜乐，却弄不清何谓美、何谓乐；多愁善感，却不明白何谓真情感。

所以，"生命教育"其实在于为中学生提供一种协助，共度"生命历程"的困惑阶段，帮助其走向"生命成熟"。"生命成熟"不在于没有苦恼、焦虑和纠结，而在于对自我的心理历程、生命情境、问题源头有着某种清醒和自觉，由此培养一种生命的复原力。

青少年依然会有心理苦恼，但是慢慢能够自我调适、平衡和恢复；依然会面临种种情感困扰，但是会慢慢摆脱阴影，进行自我救赎，迎接新的生活。心理的复原力，如同生理的免疫力一样，并非不再遭遇病痛，而是无论身处何种情境，总能看到希望；无论面对何种困扰，总能自我修复。

培养复原力是生命成熟的标志。由此而建构自己的心理防线和心理健康。

（三）心理防线与心理健康

身体是有极限的，因此需要自觉把握身体的边界。同样，心理也是有极限的，因此也需要自觉建立自我的心理防线。构建心理防线的一个要素不是自我封闭，而是学会心理舒缓和开放自我，学会沟通。这并不意味着，中学生不需要坚守隐私；而是意味着，中学生要学会将自己的隐私与值得信任的人分享。

心理防线不是为自己的心理建立围墙，自我封闭，恰恰需要为自己的心灵世界开一扇窗，呼吸新鲜空气，与外界沟通。当隐私有了释放通道，便不再是阴影和心理痼疾，而只是心灵深处的交流、强化与分享。

问题在于，心灵深处的窗口并不向任何人开放，因为倘若隐私可以公开，不仅不是释放而是新的伤害，会形成新的阴影。因此，中学生要尝试学会审慎地选择心灵朋友，而且不能轻易将自己的秘密透露给一般的朋友，这是一种自我保护也是对自己心理隐私的尊重。同时也意味着，当孩子向父母诉说私事的时候，父母要珍视那种深度信任，并要有承受秘密的智慧。

心灵之窗不针对任何人，但是可以有多种渠道去寻找眼光。比如写日记，任何苦闷、委屈，都可以活灵活现地写入日记，写出来就是一种释放和发泄，更是一种沟通、一种诉说。这是自我的沟通，以及自己对自己诉说。非关重大事宜，父母或任何人不可以未经允许翻阅孩子的日记，那是对孩子隐私的尊重。

好友也是心灵之窗。中学生之间若建立牢固的信任关系，他们彼此会分享苦恼与快乐；其优势是父母无法比肩的，因此，有位值得信任的朋友，可以算作"生命成熟"的标志。这说明，孩子愿意敞开自我，并有能力选择他生命中的重要生命关系。父母有时候也是孩子的心灵之窗，尽管在青春期有些难以实现。但是，父母的优势在于，他们不会故意伤害孩子，孩子在任何时候求助，哪怕孩子犯了天大的错误，父母首先想到的是孩子自己而非其他。因此，有些中学生与父母的关系，尤其是与父母一方的关系是深度信任的。

应当说，心灵之窗是孩子渡过"青春期苦恼"的关键。中学生自己要慢慢学会独立为自己开启心灵之窗，中学生父母或许不会成为"心灵之窗"，但是至少不要成为"关窗人"；在中学生自己开启"心灵之窗"的过程中，他们也逐渐养成自己的独立人格。

【生命阅读】

作为中学生父母，我们固然会为孩子的叛逆、逆反感到痛心疾首甚至焦头烂额，但是，坦白说，没有一个父母希望自己的孩子一直处于"听话"状态。正如同我们自己一样，会尊重自己的父母，但是早已不再是一个"听话"的孩子，或者说父母也无法为我们提供"可听之话"。

我们应看到，生命教育的最终指向是协助孩子成为成熟的生命个体，有着独立的人格。换句话说，慢慢不再"听话"，而是形成自己独立的分析能力、判断能力。他们需要聆听理性的声音，自己为自己寻找方向，聆听自己，为自己寻路。孩子要走的路，我们可能不会触及；正如同我们走的路，我们的父母也不曾来过。

第四章　生命成熟：成为真实的生命

因此，生命成熟的标志在于，中学生逐渐培养自己的问题意识、思想洞察、分析判断，然后给出一种合理的推论。这样，任何时候，尤其是在中学生自己独立面对问题，父母、老师又无法在场的情况下，他们可以继续守护人性的尊严。那时候，中学生自己将变得更加自信，作为父母也终于可以放心，可以放手了。但是，在此之前，父母、老师要协助孩子学会理性判断，这意味着父母、老师要学会与孩子"讲理"。

要有耐心与孩子"讲理"，当中学生知道"讲理"是一种处理"生命关系"的方式，那么他们也会以"讲理"的方式对待他们的同学、朋友以及社会上的陌生人，他们会以"讲理"方式处理他们面对的问题。

"讲理"是中学生走向成熟的标志，尽管这一历程是坎坷的，因为充斥着"强词夺理"和"邪说歪理"。我们需要有耐心，更需要智慧，去判断何谓"讲理"以及如何"讲理"。当中学生做事得到认可和鼓励的时候，我们要明确告知，他们之所以做得好，不是因为听父母和老师的话，而是他们学会聆听理性的声音，能够选择并践行对的事。这样在没有老师和父母陪伴的时候，他们依然可以服从自己的理性，做对的事。

服从自己的理性不是压抑情感，而是更好地表达情感、享受情感。中学生有着丰富的情感世界和多元的情感表达，但是如何表达出来，却并非易事。前面提到《罗密欧与朱丽叶》，在旁观者看来是一个凄美的故事，对当事人来说则是一个彻头彻尾的悲剧，对当事人父母而言则是一种撕心裂肺的灾难。

中学生往往多愁善感，但是，如何避免情感欺骗与玩弄？如何表达爱又不伤尊严？如何婉拒而又不造成仇恨？如何表达委屈而又不至于自暴自弃？这些都是有待自觉学习的事情。

固然，"生命成熟"是一个较为漫长的历程。但是，逐渐学会聆听理性声音、独立判断，以适当的方式表达情感，学会去爱，同时又能够坚守底线与人性尊严，这是一种独立人格的养成。"生命成熟"的核心标志是独立人格的养成。这样的人生是独立的、自主的、自由的，同时也是理性的、富有情感的；不仅在自觉做对的事，而且能够对错事说"不"。独立人格让我们逐渐学会去建构与他者的生命关系，而正是在不同的生命关系中，让我们学会思考善与恶、是与非、真与假、美与丑。

【生命训练】

你遇到的最大烦恼是什么？你是如何化解的？

第三节 成熟的生命关系

【生命导航】

"生命教育"旨在培养一个人养成"独立人格"，但是，此种"独立人格"恰恰是处于"生命关系"中的。这意味着，"独立人格"不是一种自我独守与个体封闭，而是要建立一种健康、多元的生命

| 第四章　生命成熟：成为真实的生命 |

关系。"生命教育"归根结底是一种"生命关系"的教育、爱的教育；协助任何个体共融于爱的生命关系中。

○【生命课堂】

一、家庭作为我们的生命关系[①]

家庭往往被称为爱的港湾与栖息地，与此同时，家也往往是滋生仇恨的温床与摇篮。因此在"生命成熟"的关系环节，我们不仅应自觉建构良善的家庭关系，同时也应自觉寻找到仇恨、误解、伤害滋生的源头。

（一）父母与子女

倘若我们愿意抛开那些"家和万事兴"之类的标签，回到真实的家庭情境，或许会发现"家家有本难念的经"更为真实。若说家庭是一个战场略显夸张的话，复杂而又纠葛不断的家庭关系大约是多数人的共同经历。各个家庭关系不同，不可一概而论；一般而言，婆媳之间、夫妻之间或多或少都会存在争吵、误解、纠结。

在充斥误解、缺少关爱的家庭关系中成长起来的子女，其生活方式、心理健康也会存在不少问题。因为其父母自身就是"问题"中人，但是，父母往往期待孩子能够"完美"或者尽量要符合父母的心理预期。实际上，父母自身的心理预期往往是自己很难做到的，有些是无能为力，有些是事务缠身，有些只是针对孩子。

由此以来，中学生更容易产生"逆反心理"，由于恐于威慑，即便

[①] 武志红：《为何家会伤人？》，北京联合出版公司，2018，第292页。

能够基本达到"预期",但自己的心理仍旧是不平衡的,或者说"口服心不服"。因此,导致其产生种种逆反心理与行为,而且理直气壮。

所以对中学生的"生命教育",在生命关系层面,父母自身或许首先应放下身段,不能仅仅是高高在上的"人生导师",而是尝试自我反省;不仅去接近、理解中学生的自我感受,同时也扪心自问、了解自己对子女的爱是否扭曲?甚或具有伤害?

心理咨询师武志红《为何家会伤人》出版后,颇受大众欢迎,一版再版,也引起很多共鸣,原因正在于他直面家庭的问题以及家庭养育中造成的伤害,甚至是终生的伤害。固然,或许实情不像他所凸显的"没有父母不爱自己的孩子"是"谎言中的No.1";但是,父母以不当的方式表达对孩子的爱造成的伤害是无法回避的事实。

对中学生自己而言,走向生命成熟的标志便在于建立健康的"生命关系"。甚至可以说,当父母以不当的方式表达爱的时候,青少年能够以适宜的方式去接收和消化。换句话说,学会以"讲理"的方式与父母沟通,不仅能回应父母的爱,同时能指出父母的不妥以及爱的不当表达。

父母与子女是一种爱的关联,但是,当此种爱的纽带被扭曲的时候,对任何一方而言,都是一种伤害;当父母与子女间的情感链接由爱生恨的时候,对任何一方都是一种生命关系的折磨与破坏。因此,学会修复、化解乃至恢复父母与子女间的情感链接将是"成熟生命关系"的重要标志。

因为,父母与子女这种基于血缘情感的"生命关系"是其他任何一种生命关系的原始模型。这就意味着,其他任何生命关系也需要不断修复、化解与重建。

因此建构一种健康的生命关系是一种人生的重要能力,我们栖居于

"生命关系"之网上，或者备受煎熬，或者安之若素，或者其乐融融。

（二）兄弟姐妹

由于前些年的计划生育政策，许多中学生都是独生子女。但是，随着独生子女政策的变化，许多大哥哥、大姐姐有了小弟弟、小妹妹。此种新型的兄弟姐妹关系，对中学生而言是一种新的生命关系体验，对父母而言也是一种新的生命关系体验。另外，还有一些重新组合的家庭，原有的独生子女经过组合之后，便成了兄弟姐妹，对彼此都是一种新型生命关系。而种种新型生命关系会产生新的问题，尽管伴随着陪伴与喜乐。

首先是爱被"剥夺"的问题。对独生子女而言，父母、祖父母的爱都理应聚焦于他一人，毋庸置疑、天经地义，他也习以为常。但是，如今出现了新的弟弟妹妹，而且"剥夺"了更多的爱与关注，这如何能忍受？对中学生而言，本来就处于青春期的逆反阶段，又遇此"横刀夺爱"，这似乎只会加剧原有的叛逆与不满。

兄弟姐妹的生命关系往往指向父母与子女的关系。此种关系处理不当往往会引发中学生对父母更多的不满、心理失衡甚至敌意。对中学生而言，其实也需要慢慢重新建构家庭关系，重新认识不同的"生命关系"，需要自我调适、心理修复与关系重建。

重组家庭更易产生矛盾，对父母、子女都是一种考验，然而正是在此种新型"生命关系"中，彼此走向成熟。克服此种考验是困难的，但是可以确定的一剂良药是"爱"，父母对子女的爱，以及子女对父母的爱。彼此都需要不断表达爱与信任，这样在任何的生命关系遭遇破坏或遭遇新型生命关系的时候，彼此才可以相互取暖，彼此保护，而非彼此伤害。

事实证明，健康的家庭关系更利于孩子建立健康的学校关系和社会关系。

二、学校作为我们的生命关系

学校是家庭的延伸，也是社会的缩影。因此良好的家庭关系有助于孩子更好地融入学校生活，建立良好的师生关系和同学关系；否则，当中学生处于"家无宁日"关系中，期待他在学校"安分守己"是困难的，同样，将来他们步入社会，父母更可能将在惴惴不安中度日。

当然，倘若中学生自己有着自觉的"生命教育"意识，形成独立的人格，即便面临破碎的家庭关系，他依然可以自我调节、平衡；他会更加珍惜温暖，更加看重爱意；由此，反而在学校中表现更优秀，将来在社会中也更容易出人头地。因为，他懂得健康"生命关系"的关键是用适宜的方式表达爱与接受爱。

因此，学校固然更多是提供知识性教育，甚或是应试性教育，但是其旨向应当与"生命教育"一致而非相反。分数只是学生学业的参照，其最终服务于生命自身，因此老师应当引导学生养成独立人格、形成健康的生命关系。

（一）师生关系

大约从孩子上六年级的时候，我感受到部分老师对学生的失望、不满与鄙夷。学生的考试成绩似乎对老师有着更大、更直接的压力。中学阶段似乎也是这样，中学生处于青春期，面临诸如生理、心理、学业等压力而老师似乎也面临同等甚至更大压力。比如老师有自己的家庭压力，同时还要应对工作上的评比与竞争。

因此师生关系更多的是一种压力冲撞而非一种爱的圆融。倘若我们平心静气地想一下，老师是否了解学生的心理？自然，你会说，他们天天与学生接触，送走了一届又一届学生，他们肯定是了解的。这大约是一种想象，老师更多擅长于自己的专业的教学经验或者管理经验，他们对青少年的心理认识往往是不专业的，或者无暇顾及。当我们面对种种学生问题，或者青少年心理问题日益严重的时候，我们无法说这都是孩子的问题，或者说仅仅是家长的问题，其实是共同的责任。

面对青少年学生，无论是老师还是家长，往往因为缺乏相关知识而无能为力。因此，师生关系作为一种中学生重要的"生命关系"，不应仅仅是"知识传授""应试教育""成绩排名"的关系，关键是要融入爱与信任。如今，有些师生关系是畸形的，老师对学生，学生对老师，似乎很难说是彼此有爱的、善意的、信任的、健康的"生命关系"。倘若敞开心扉，彼此谈一下对对方的评价，我们恐怕无法面对事实。所以，"生命教育"其实不仅针对中学生，也面向中学老师，面临着重要"生命关系"的重建问题。或许，许多问题的解决无法一蹴而就，但是，尝试去直面，去了解，或许就是一种初步的化解。

（二）同学关系

前些年，北大钱理群教授提出"精致利己主义"一说，被广为引用，多有共鸣。大家似乎更多针对大学生，倘若认可这一评价，那么，我自然会问：这些作为"精致利己主义者"的大学生来自哪里？很明显，来自中学。我们很难说，这些中学生只是一进大学门便成了"精致的利己主义者"；更接近真相的说法，或许从中学阶段，甚至从小学阶段开始，在家长和老师的共同"栽培"下，他们已经是一个成熟的"精致的利己主义者"了。只是中小学阶段，更多是由家长、老师主导，而到大学阶段，家长鞭长莫及，他们也更加随心所欲了。

大学的种种问题，要回到中学找原因，中学的种种问题要回溯到小学，小学的种种问题要回溯到学前与家教时期。这是一个连锁反应。"生命教育"固然更多针对中学生阶段，但是并不限于中学生阶段，而是以中学生作为一个"突破口"。

在这样一个充满激情与可能的生命阶段，更容易凸显教育的问题、家教的问题以及生命关系的问题，由此而前溯至小学及学前，后续至大学及社会，因此形成一贯而又持续的生命教育。由此而完善并逐渐建构成熟而健康的"生命关系"。

爱的生命关系指向自我生命的圆融。爱的生命关系，表现为对自我生命的珍视与尊重。这意味着自觉了解自己的生理特点、心理特点，并自觉呵护、修复与完善。爱的生命关系表现为开放自我，慷慨对待他者，建构健康的"生命关系"，在爱的"生命关系"之网中享受生命的圆融。爱的生命关系表现为面对自然、外物、其他生物形成一种爱的联结，善待其他生命体，同时丰富自我的生命关系。

爱的生命关系是一种生命教育的最终指向，是独立人格的自然表达，是聆听理性声音、适宜表达情感的自然流露。在爱的生命关系中尊重生命、珍惜生命并享受生命。由此"生命成熟"最终指向生命意义的永恒，此种永恒正是爱的永恒传递，而这正是成熟的生命、真实的生命以及神圣的生命。

【生命阅读】

人的生命作为一种实际存在，既不只是功利主义眼里的身体欲望，也不只是心理主义眼里的心理原子，同时也不只是哲学和宗教

第四章 生命成熟：成为真实的生命

眼里的精神孤岛。现实的人的生命存在实际上是身、心、灵的统一体。身、心、灵是我们生命存在的三个同时呈现的层次或者状态。"身"，即躯体或生理，对应于英文中的body，是我们可以肉眼直观到的我们的生命存在，可名之为"自然生理生命"；"心"，即内心或心理，对应英文中的mind，是我们可以意识体验到的我们的生命存在，可名之为"个性心理生命"；"灵"，即灵性或精神，对应于英文中的spirit，是我们可以直觉领悟到的我们的生命存在，可以名之为"灵性精神生命"。因为生命存在是这样一个全人的多层面存在，相应地，生命教育也便有身、心、灵不同层次的目标，以实现全人生命的和谐成长。

当我们用"身体"来代表我们的生命存在时，并不只是指生理层面的血肉形躯（肉体），更是表明，它是一个由历史、社会、文化所建构而成的存在。身体既是我们了解和理解自我的起点，又是我们作为个体生命与社会、自然沟通交往的存在支点甚至价值支点。因此，无论是洞察人的生命本质，还是探究人的现实处境，都不能不将身体作为一个重要的起点和条件。作为生命存在的我们的"身体"，也可以叫作"生理生命""自然生命"或者"自然生理生命"，等等，它包括不同方面的"身体性"存在，凡是我们的生命中存在可以用物质形态来标识的东西，都可以涵盖于"身"之中。

心，作为我们的"个性心理生命"，既不是完全生理性的也不是完全非生理性的，它与我们的"自然生理生命"既相关联又有超越。心理学家马斯洛将我们的"心理"描述为与我们的自然生理生命关联程度不同的四种"需要"。马斯洛认为人类有五大基本需要，即生理需要、安全需要、爱与归属的需要、自尊的需要、自我实现的需要。其中，安全需要又可以区分为物理性安全或者物质性安全和心理性安全，比如人际关系的安全感就是一种心理性的安全。按照马斯洛的理论，个体生命除了生理需要以外，心理安全、爱与归属、自尊、自我实现都属于我们生命的心理活动。

在通常的意义上，作为我们"个性心理生命"的"心"有三种功能，分别指向不同的时间流程，这就是我们的知、情、意。"知"是对世界、自我以及世界与自我关系的认知和理解，其侧重点在于对已经存在的、过去的资源作知性整理，尽管也有"预知"，但是这种"预知"是根据已有逻辑推演出来的，而不是直接针对未来的"知"。"情"是对自己内在身心存在的各个方面以及自己生命与外在他人和世界关系的当下协调，侧重于对当下感受的调整。"意"是对自己生命所面对的未来处境以及自己将要采取的生命活动的抉择和决心，其侧重在将要发生但还没有发生的事情的一种把握和选择。我们的"心"在现实的生命活动中，往往分别用知、情、意不同的活动方式指向不同的生命存在方面，同时也自我协调。

"灵"是我们生命活动的一种"自我觉悟"，当我们做任何一件事的时候都能够很清楚地知道自己"为什么这样做"，这就是"灵"的力量。灵性是个体生命对自己、对他人、对事物、对宇宙等相互关系的经验中产生意义的一套深层信念，是对自己的"身体"经验和"心理"经验产生意义的信念持守，是个体生命所拥有的一套具有信仰特征的基本思想，是个体生命指导其对待自己、对待他人、对待事物、对待其他生命以及自然的观念和态度的最高原则。基于"灵"的现实作用的显性和隐性状态，可以将我们的"灵性精神生命"的存在具体界定为三个层次，即最内在的信念信仰系统，中间层次的价值观念系统以及最外层和最直接显现的意义赋予能力。人往往是由发现自我生命活动存在的意义去发现他人生命活动存在的意义，并进而去"推及"宇宙万物的意义。因此，生命意义的发现和赋予，首先必须是从发现和赋予自己生命存在的意义开始的。只有发现和赋予自己生命存在的意义，才能够真正领悟他人生命存在的意义，并进而领会宇宙及其他生命甚至非生命存在的意义。[1]

【生命训练】

1. 你最恨的人是谁？最爱的人是谁？原因何在？
2. 你如何评价自己？

---

[1] 弗兰克：《活出生命的意义》，吕娜译，华夏出版社，2018，第10页。

第五章　生命格局：生命该如何量度

一个要走向成熟的生命,绝不是依靠个人独立就能够完成的。事实上,就"本能"意义上而言,人是世界上所有生命形式中最为脆弱的一种,是"一棵芦苇",只不过是"一棵有思想的芦苇"。人的"思想"(理性)能力使得他可以超越自己的本能,超越自己的个体生命,将自己融入历史文化中,投入社会人伦中,并吸纳天地之气立于天地之间,以自己的真性情创造自己独特的人生,形成有宽度、高度、量度的生命格局。

第一节　人伦与生命的宽度

【生命导航】

个体生命实际上首先是在人伦生命中展开的。我们都是父母所生，父母是我们来到这个世界成为个体生命的天然伦理关系基础。父母也有他们的父母，以此类推，构成我们得以在这个世界上真实存在的最原始、最根本的亲情人伦基础。恰恰是以血缘亲情为核心并进而扩展到现实社会的朋友关系、职业关系等全部人伦关系，构成了我们生命的宽度。我们是活在关系中的，是关系成就了我们。只是，这"关系"本质上是一整套"人伦社会系统"。

【生命课堂】

一、人不能没有家庭意识

孟子说："使契为司徒，教以人伦；父子有亲，君臣有义，夫妇有别，长幼有序，朋友有信。"（《孟子·滕文公上》）在传统中国社会，父子、君臣、夫妇、兄弟、朋友五种关系，是最基本的人伦关系，即所谓"五伦"。而家庭关系中的三种关系，便占了"三伦"，可见其对中国人的生命与生活具有的根本性意义。家庭既是人类社会的最基本细胞，也是每一个个体生命的诞生地。因此，充分理解家庭存在的理性根据及其对个体生命存在的意义，乃是我们健康、成熟且充满爱的家庭人伦生命关系的前提。

一个人存在，其家庭必已先存在，是先有家再有"这个"人的。如此，一个人便应该意识到，肯定其自身的存在，即必然肯定其父母和家庭的存在。这种基于个体生命存在而肯定家庭存在的意识，便是哲学意义上的"家庭意识"。因此，从生命存在意义上说，人不可无家庭意识。[①]

[①] 唐君毅：《唐君毅全集（卷13）》，九州出版社，2016，第33—36页。

如果一个人是私生子，或者父母生他之后即离婚，此人也必然会"终身引为遗憾"；如果此人在孤儿院，他必然会觉得，其他人都有父母而我独无，这是一件"悲痛伤心"之事。人自己觉得自己不应当是一个"无家之子"，可现在竟沦为"无家之子"，所以有这份"悲痛""伤心"和"遗憾"。"无家之子"这一存在状态表明，人的存在本身即有所"不完满"。这意味着，对他来说，"完全而无遗憾的人"不存在了。不过，一个"无家"的人又"以无家为憾"，此即表明，人是肯定人"当有家"的。"肯定人当有家"代表着"家庭意识"的存在。

在"家庭意识"的引导下，家庭成员彼此通过节制、牺牲以维护家庭的存在。作为家庭的"一分子"，自己的一切行为，都应当受"其他家庭分子"的行为所规定或限制，以维护此家庭的存在。因此，每一"家庭分子"对"其他家庭分子"，都必须有自己的节制、忍耐、牺牲，而家庭成员彼此之间，则有同情、互助、相敬，等等。正是在这种"家庭意识"中，建构了父子、夫妇、兄弟的亲情人伦关系，成就了个人的血缘生命。

二、亲情关系的自然性与道义性

亲情，简单地说，就是有血缘关系的人之间存在的自然感情。父母和孩子之间的感情，兄弟姐妹之间的感情，以及已经升华并超越了爱情的夫妻之间的感情，这些都是亲情。亲情具有自然性，它不以身份、地位、贫富、贵贱等为转移。亲情具有相互性，亲情不是单方面的，母爱是亲情，爱母也是亲情。亲情具有立体性，亲情不是专指母女情，也不是专指父子情，实际上，如父子（父女）情、母子（母女）情、手足情（兄弟姐妹）、祖孙情（祖辈与孙辈），甚至达到相当亲密程度的朋友之情，都是亲情。

从个体生命角度来说，血缘关系是自己无法选择的"自然"关系。这种自然性表现在：第一，不可选择性。一个人与谁有血缘关系，不是由自己选择的，自己一出生就被放置于一些特定的血缘关系中。第二，不可逃避性。血缘关系不仅具有先天的不可选择性，而且还具有后天的不可逃避性。换言之，你不可能将自己已经具有的某种血缘关系排除掉。血缘关系一旦与你的生命关联，它就将与你的生命融为一体，你的生命存在，那份关系就存在。第三，不可中断性。血缘关系是与一个人的生命始终同在的，一个人不可能在一个阶段拥有某种血缘关系，而在另一个阶段却不具有这种血缘关系了。第四，历史传承性。血缘关系不会随着某一生命个体的消亡而直接消亡，除非与这一血缘关系相关的所有生命个体都消亡。

血缘关系的存在不仅具有自然性，而且，这个自然而然的血缘关系还在相当程度上决定了个体生命中很多十分重要的内容。如与哪些人具有亲情关系？与哪些人不能通婚？以及自己的自然生命特质，甚至性格气质，等等。在不同时代、不同文化中，血缘关系之所以都受到相当程度的重视，因为人只能活在关系中，而血缘关系又是个人生命直接接受的第一重社会关系。个人生命直接就生活在天然的血缘关系中，并由这种关系塑造。通过这种最初展开的生命活动，个体生命建构起了自己现实生活中最直接、最自然、最纯粹的情感道义关系，即亲情关系。

在人类社会，由血缘关系奠基和塑造的亲情关系中，或许父母对子女的爱，在一定程度上具有某种本能性；其他亲情关系，比如子女对父母的爱，兄弟之间的爱，祖孙之间的爱，甚至夫妻之间的爱，都很难用本能加以解释，而是一种独特的伦理建构。这种伦理建构的基础，即人的报恩意识。报恩是中国传统人文的说法，西方更多使用感恩这一说法。

中国人所说的报恩，一方面，是要报先人对后辈的恩德，此即为"还报"；另一方面，又不必只是限于我对那些于我有恩者的"还报"，而且还包括，我总是会将恩德转而施与此外和此后的其他人，此即为"转报"。比如，我受父母的恩德，不仅以孝敬父母的方式"还报"父母，而且以教养子女、成就事业、安身立命等方式"转报"父母。通过"还报"与"转报"，尤其是"转报"，人类得以成就前代后代在生活上的相续，以及文化历史的相续。同时，也恰恰是这种报恩，是人生一切继往开来、承先启后事业的根本所在，也是情义人生展开的起点。

三、家庭人伦中的孝道精神

在家庭亲情关系的道义中，子女对父母的"孝"是完全精神性的，具有最高的道义，对家庭的存在与维系，对一个人的成长，具有极大的精神意义。人的精神具有超越自己以观自己的本性，在这种精神反省中，人必然自己发现，父母乃是现实自我的"本"。基于报本返始的报恩精神，人便必然还报父母给予自己生命的恩德。正因为如此，中国文化十分强调孝道的价值。《孝经》讲："夫孝，德之本也，教之所由生也。"（《孝经·开宗明义章第一》）"夫孝，天之经也，地之义也，民之行也。"（《孝经·三才章第七》）甚至认为，"孝悌之至，通于神明，光于四海，无所不通。"（《孝经·感应章第十六》）"天地之性，人为贵。人之行，莫大于孝。"（《孝经·圣治章第九》）"教民亲爱，莫善于孝；教民礼顺，莫善于悌；移风易俗，莫善于乐；安上治民，莫善于礼。"（《孝经·广要道章第十二》）在现代社会，就生命教育视域而言，我们对家庭人伦中孝道精神的理解，应该侧重以下几方面。

孝在当下：尽孝要及时。古人说，子欲养而亲不待。错过了孝养父母的时机就永远无法追回来。其实，孝道不在于轰轰烈烈，而在于平时的点点滴滴。人们常说，失去的东西越发显得珍贵，而失去父母的眷顾，才知道那份亲情永远不可再得，才知道报恩的机会永远不可再有。当父母远去，推开家门满院是凄凄的荒草，举目寻找是空空的家屋，不再会有那熟悉的面容，也不会再有温情的问语。即便是身背多少礼物，他们再也不会接了。手捧多少钱，对他们都没用了。

孝养父母：物质上的赡养。赡养，主要是指子女在经济上为父母提供必需的生活用品和费用的行为，即承担一定的经济责任，提供必要的经济帮助，给予物质上的帮助。我国《宪法》规定，成年子女有赡养扶助父母的义务。有经济负担能力的成年子女，不分男女、已婚未婚，在父母需要赡养时，都应依法尽力履行这一义务直至父母去世。子女对父母的赡养义务，不仅发生在婚生子女与父母间，而且也发生在非婚生子女与生父母间，养子女与养父母间和继子女与履行了扶养教育义务的继父母之间。

孝顺父母：行为上的奉养。在道德意义上，孝道的要求，更重要的是行为上的奉养父母，中国人称之为"孝顺"。本质上说，孝顺以子女对父母的情感和尊重为基础，是发自内心的、无私无利的情感流露，有时就是一种理解、关爱、顺从、尊重、帮助、微笑、认同。孝顺并不是不问原则是非的绝对完全顺从父母的意志。在不违背原则的情况下，在不涉及大是大非的情况下，子女顺从父母的心意，是孝顺的基本含义。《弟子规》开篇即用几个排比的父母句来说明这种孝顺："父母呼，应勿缓；父母命，行勿懒；父母教，须敬听；父母责，须顺承。"孝顺父母，是要顺父母的心意，根据实际情况做顺父母心意的事情。

孝敬父母：精神上的赡养。精神赡养是指在家庭生活中，对老人的感情、心理等方面给予关心和帮助，使老人得到更多的温暖，享受更多的愉悦。感动中国人物丛飞说过这样一句话：孝，就是看着父母的脸色行事。父母高兴，跟着父母一起高兴；父母不开心，想着法子让父母开心。孔子学生子夏问孝于孔子，子曰："色难。有事弟子服其劳，有酒食，先生馔。曾是以为孝乎？"（《论语·为政》）随时给父母好的脸色、好的心情，才是最难的，也是最重要的。尽孝就在于让父母开心、安心、放心、顺心。一个懂得感恩父母的人，才能算是一个完整健全的人。用一颗感恩的心对待父母，用一颗真诚的心与父母交流，用一颗报恩的心满足父母的心愿。

四、从家庭之爱到社会之爱

爱，就是责任。个体生命对家庭人伦关系中的角色之爱，便是对家庭的责任。反过来说，一个人对家庭的责任不只是抽象的存在，而必须具体地存在于家庭关系中。家庭中有不同的家庭关系，如夫妇关系、父母对子女的关系、子女对父母的关系、兄弟姊妹的关系，由此就有了夫妇之间的恩爱、父母对子女的慈爱、子女对父母的孝爱、兄弟姐妹之间的友爱。

人之所以要为"家庭中人"尽责任，是因为我们每一个人都具有一种原始的"欲为人尽责"的"动机"，这就是我们中国传统所说的"仁心仁性"。我们"为家庭尽责"，不是因为我们是"家庭中人"，而是人所具有的"仁心仁性"的呈现。但是，我们没有理由说，这种"仁心仁性"只是对"家庭"中的特殊个体才呈现。

人的"仁心仁性"，本无"局限"于"只表现在家庭中人"的意义，而是"遍覆一切人"的。对于这一点，我们必须充分明白并确认。否则，我们就容易将"对家庭人的责任"建立在"血统关系"基础上。如此，对那些与我们"没有血统关系"的人，或者不能确知其是否与我们有血统关系的人，我们就会怀疑是否也应该对他们有责任。

对家庭的责任在先，并不妨碍社会责任的形成。二者只有范围的差别而无性质的不同。我与父母、兄弟的血缘关系，规定了我的责任感最初只能表现在家庭中；但这并不是我具有责任感的根据。正因为如此，由家庭、人伦、道德实践所培养出来的人伦责任意识，可以再表现为对社会的人伦责任意识。这便是家庭意识、家庭责任、家庭道德所具有的独特生命意义和道德意义，这也是中国传统所特别强调的"修身、齐家、治国、平天下"的人生理想的道义逻辑所在。

【生命阅读】

黑龙江省绥化市兰西县57岁的王凯、55岁王锐这老哥俩都已经当爷爷了。他们的父亲生前在部队一直驻守在南国边陲，和母亲聚少离多。母亲总想走出黑土地沿着父亲生活、战斗过的足迹去看看祖国的大好山河。为了满足母亲走出去看看锦绣江山的心愿，他们自造了一辆人力房车，命名"感恩号"，完全靠步行拉着母亲踏上了长达一万多公里的感恩之路。"感恩号"于2007年9月24日从黑龙江出发，经沈阳、北京、石家庄、郑州，一路南下，到广州、香港，返回经南昌、合肥、徐州进入山东境内。"感恩号"，一路走来，载着母亲，载着孝心，行走在古老的中华大地上。一路风雨兼程，以每天40多公里的速度行进着。他们一路欢声笑语，游历锦绣河山。快乐着母亲，磨炼着自己。一路风餐露宿，在前不着村，后不着店的情况下，在路边娘仨泡方便面充饥，是常有的事。一路走来，两层房车就是母子三人活动的家。老大和母亲睡在下面，老二睡在卧铺上面。他们说：母亲用奶水喂大了我们，我们要用汗水回报母亲。

感恩号房车，走一路，播撒孝心一条线。停下来，撼动人心一大片。感恩号房车只要一停下来，周围马上就会围拢大批的人群。人们好奇、惊讶、赞叹、感慨、动容。一位女孩赞叹道："这是一种美德，是中华民族伟大的遗产。我们这些年轻人都快忘了。你们哥俩真是太好了，一般人做不到，太累了，又不是机动车，要推着走，我觉得都不敢相信，对我是一种震撼，我从小到大就没这么激动过。下午看到车以后，一定要看一下，是怎样一位老母亲、怎样的两个儿子，这么伟大，不敢相信这是真的，像神话一样。你们俩真是太棒了，祝你们一路顺风，祝您长命百岁，活一百岁才好呢。"

"感恩号"历时268天后，顺利回到故乡。兰西县委、县政府给予"感恩号"最高的欢迎礼遇，王氏兄弟被授予"麻城孝子"荣誉称号，老母亲被授予"慈爱母亲"荣誉称号。如此美好的经历，如此崇高的荣誉，难以言表的快乐、欣慰成为老母亲今生今世都不可再得的精神财富。

【生命训练】

1. 我国法律对子女的赡养义务有哪些规定。
2. 评析新二十四孝行动标准。

第二节 人格与生命的高度

【生命导航】

在中国人眼里，人的生命是与天、地合德而并称的。在日常话语中，我们也常说"人生天地间"，说"顶天立地"。个体生命活出"精气神"（简称"精神"）来，通过成己、成人、成物，让个体生命从原始"天生"的"自然肉体生命"逐步成长为一个可以与天地通、与天地齐的"崇高"的"人格精神生命"，彰显生命的高度。

【生命课堂】

一、顶天立地的人格向往

就生命存在来说，尽管人的生命存在是以现实的肉体生命存在为开始的，而且人的自然生命也在成长过程中不断被人文化、社会化；但是，作为个体生命的存在，这个生命首先是"他"自己的，"他"作为这个个体生命的担待者、承载者，不仅承担着肉体自然生命，也承担着人文社会生命。个体生命的主体如何才能担待起这副生命重担呢？很显然，这就涉及生命的高度问题，这个高度不是自然的高度，而是生命的自我认知、自我接纳、自我成长、自我实现的程度，是个人人格生命和精神生命的成长和实现程度。

《三字经》说："三光者，日月星；三才者，天地人。"在中国人眼里，人的生命是与天、地合德而并称的。传统"三祭"不仅"祭祖宗""祭圣贤"，同时还有"祭天地"。在日常话语中，我们也常说"人生天地间"，说"顶天立地"。

人的生命来到这世界上，并不是一下子就高贵、超越于天下万物的。人首先是作为"一团肉"被"抛"到这个世界上来的，然后才是自己创造自己。中国古人认为，精、气、神是人体生命活动的根本。精是构成人体、维持人体生命活动的物质基础，包括精、血、津液。气是生命活动的原动力，既是运行于体内微小难见的物质，又是人体各脏腑器官活动的能力。神是精神、意志、知觉、运动等一切生命活动的最高统帅，包括魂、魄、意、志、思、虑、智等活动，通过这些活动能够体现人的健康情况，如目光炯炯有神，就是神的具体体现。精、气、神三者之间相互滋养、相互助长。

综合来说，人的生命起源是"精"，维持生命的动力是"气"，而生命的体现就是"神"的活动。通常说，要活出个"精气神"来，实际上就是要将自己的内在生命充分展现和实现出来，就是人格的自我实现。《论语·宪问》记载：子路问君子。子曰："修己以敬。"曰："如斯而已乎？"曰："修己以安人。"曰："如斯而已乎？"曰："修己以安百姓。修己以安百姓，尧舜其犹病诸？"由此而言，个体生命活出"精气神"、实现人的生命的高度，有三个基本层次，这就是成己、成人、成物。

二、"修己以敬"的成己

成己就是成就自己、成为自己，即完成自己的人格建构。每个个体生命一出生就都有某种"上天"的禀赋、"天生"的潜质，或者说"天性"。但是，这个"天性"还不足以让他作为一个独立的、独特的个体生命而呈现出来。只有在"天性"的基础上，踏实地走向大地，建构起自己独特的身影，他才成为真正的"他所是"的他。这一个从"天性"不断走向大地的真实的过程即为人格建构。"成就自己"是一个"修己以敬"的人格养成过程。

"修己"当然包括成就自己的肉体生命、心理生命，也包括自己的精神生命、社会生命。但根本的是在"修己"过程中，我们对自己生命的敬畏态度。当我们说我们需要有一个健康的肉身时，并不只是简单地说肉体生命需要健康维护，更重要的是要明白，我们要用这个健康的肉身来实现其他非肉身的价值，比如求真、求善、求美、求神圣；比如爱父母、爱家人、爱朋友、爱社会、爱国家、爱天下。正因为肉身的存在与健康是我们实现生命中其他非肉身目标的基础和前提，因此在任何情况下，尊重和爱护我们肉体生命的存在，便是我们尊重生命、爱护生命的最基本要求。

我们之所以要满足肉身的欲望与需要，是因为我们要维系它的存在；因为我们需要不断地消费它以实现我们其他的非肉身目标。我们要吃要喝，不是因为吃喝本身就是目的，而是因为我们要支付体力去实现非吃喝的目标。肉体生命是实现我们整个生命存在的价值与意义的载体与工具。因此，实现生命的价值与意义，并不在于满足甚至不断地满足肉体的欲望，以追求纯粹感官的"快乐"与"享受"，而在于合理地消费肉体生命以实现非肉身的价值与意义。爱我们自己的肉体生命,恰恰需要克服一些以肉身满足为目的的不健康生活习惯。

人的德性生命是我们个体生命的方向盘。依据儒家基本思想,每一个人都有上天赋予的基本人性,所谓"天命之谓性"。这个先天人性具有向善性,是我们生命行为展开的基础,表现在人皆有"恻隐之心""羞恶之心""恭敬之心""是非之心",由此而有仁、义、礼、智四德的根基。但是,这四心是很微弱的,如"泉之始达""火之始燃",需要不断充养。而不断的积小善而为大善,便是这样一种充养人性的自我关爱。

个人生命的成长总是渐进的,在修行过程中,不可避免会面临各种过错。如何改过修身,也是珍爱我们的德性生命的重要方面。所谓"过",其实就是我们在生命列车运行中的任何一个刹那偏离了方向。字面意思即走过了"一寸"。常言道:"人非圣贤,孰能无过?过而不改,是谓过矣;过而改之,是不过也。"在《论语》中,孔子在《学而》篇和《子罕》篇里反复说:"过则勿惮改。"但一般人恰恰就是不勇于承认错误,也不勇于改正错误。究其心理,一方面是难过面子关,由于不好意思而文过饰非;另一方面是心存侥幸,以为人家不会发现自己的错误,结果是欲盖弥彰,在错误的泥坑中越陷越深。

三、"修己以安人"的成人

"成人"即成就他人、帮助他人实现人格建构。用中国哲学的话语来说,"成己"就是《大学》中所说的"明明德",即充养显现自己身上的光明德性;"成人"则相当于《大学》所说的"亲民",即用自己光明的德性去成就他人,使他人"天生"的光明德性也得以彰显出来。用《孟子》的话说,"成己"表达的是至少要"独善其身",而"成人"

则要求"兼济天下"。对中国文化传统尤其是儒家来说，个人成为个人永远不可能只在个人中，而必须是在他人中，个人人格的建构是伴随着个体生命对待他人的关系建构而建构起来的。

汉语中最简单的汉字之一就是"人"，一撇一捺，它所表征的意味却是很深刻的。人必须在两个人（引申为他人）的支撑下才可能站立起来，否则就不能成为人。正因为如此，孔子才有诸多"成人"的教诲，诸如："仁者，爱人"；"己欲达而达人，己欲立而立人"（《论语·雍也》）；"己所不欲，勿施于人"（《论语·颜渊》）；"君子成人之美，不成人之恶，小人反是"（《论语·颜渊》）；等等。

蒙学读物《弟子规》更是依据孔子的言论和教义，将"成人"之道彰显得最为明了直接。"首孝悌，次谨信；泛爱众，而亲仁；有余力，则学文。""孝""悌""信""爱众""亲人"都是讲"成人"之道。"亲所好，力为具；亲所恶，谨为去；身有伤，贻亲忧；德有伤，贻亲羞。"这是要成就父母。"事诸父，如事父；事诸兄，如事兄。"这是要成就尊长。"凡出言，信为先；诈与妄，奚可焉。"这是要成就朋友。"凡取与，贵分晓；与宜多，取宜少；将加人，先问己；己不欲，即速已。"这是要成就众人。可见，在中国文化意识中，成就他人是自己人格成长和建构的根本内容和任务。只有一个人懂得怎样对待他人，他才真正会懂得如何对待自己。

四、"修己以安百姓"的成物

借用《大学》的话来说，"成己"是"明明德"，"成人"是"亲民"，而"成物"即是"止于至善"，即让天下所有人、天地万物都能够各得其所。所以孔子才说"修己以安百姓"是最高的人格成就，就是尧舜这样的圣

第五章　生命格局：生命该如何量度

贤都怕难以做到。但是，"虽不能至，心向往之"。这是我们人格生命成长的基本原则。

"物"一词所指大致有四个层面：一是与天相对而言的天地间一切万物；二是与人相对的外物；三是与己相对的外物；四是现实存在和发生的具体事物。"物"所指的几个层面相互依存，共同形成"物"的概念。"物"之所指，狭义上说是不包括人在内的一切自然物，广义上说是包括人在内的一切自然物，不仅是指有生命之物，而且包括无生命之物。"成物"作为人格建构的一个阶段、一种境界、一项内容，是指个体生命在自己人格成长过程中，不仅要帮助自我之外的他人达诚、趋仁，同时也要泛爱、善待、辅助天地万物。"成物"即是身任天下，利济群生。

人不仅对自己的同类应表现出仁爱之心，而且对待自然万物也应体现出普遍的宇宙情怀。人类应参天地之化育，推其仁于万物，视人与天地万物为一生命的整体，像对待自己的生命那样去爱护、珍惜自然万物，与自然万物"各随其性""各顺其性"。正是在此意义上，孔子主张"钓而不纲，弋不射宿"（《论语·述而》），向往着"浴乎沂，风乎舞雩，咏而归"（《论语·先进》）那样一种天人相伴相随的理想境域。孟子心向往之的是"仁民而爱物""万物皆备于我"（《孟子·尽心上》）的天人合一的境界。北宋理学家张载在《西铭》中说："乾称父，坤称母，予兹藐焉，乃浑然中处，故天地之塞，吾其体，天地之帅，吾其性。民，吾同胞；物，吾与也。"将天地视为父母，以此揭示天人关系，认为天地之气构成我的身体，天地的精神构成我的本性，把人民大众作为同胞，将天地万物作为同伴和朋友。人只有与自己的"同胞"即他人和睦相处，与自己的"伙伴"即自然万物共生共荣，才能获得其存在的真实性、合理性。

现实中的人，作为历史过程中的真实存在，总是不断地追求着多方面的完善。人们在追求自我完善的实践中，不断地将德性转化为德行。正是通过德性向德行的转化，才使得人成为真正意义上大写的人。因此，"成己成物"的过程，就是成人而又成物、仁民而又爱物的过程，这一过程体现了德性与德行统一的"合内外之道。"

【生命阅读】

钱穆在解析《中庸》"成己成物"之道时，将人的人格之"成"区分为言行合一、人我合一、物我合一、天人合一的四重境界。"言行合一"是做到"口里说的、心里想的、外面做的、内心藏的，要使一致"，这就叫作"诚"。不过，"言行合一"还只是在"成己"的途中做到了初步的"诚"。人总不是独处的，总是要与我以外的其他人相处的，因此，要做到"诚"的第二步功夫便是"人我合一"。我们不欺骗自己，同时也不欺骗别人。我们不把自己当工具，同时也不把别人当工具。做到了这个功夫，人们就自然会说你是一位"诚"实人。"诚"的第三境界是"物我合一"，就是我们怎么看待我们自己，我们也就怎么看待物，用一句比较现代的话说：把人当人看，把物当物看。"诚"的第四层境界是"天人合一"，常人总觉得我的生活就是我的生活，我的生命我掌握，好像与"天"与"神"无关。但是，钱穆提醒我们这些常人："你若问：天地间何以有万物，何以有人类？我处在此人类中、万物中，何以能恰到好处，真真实实、完完善善地过我此一生？你若懂从此推想，从此深思，你便会想到天，想到神，你便会想到这里面纯是一天然，或说是一神妙呀！"

【生命训练】

1. 反思自己，查找自己在生活中曾经犯的一个过错，分析它何以是"过"？如何改过？
2. 仔细想想，在现代社会，我们对待陌生人的态度应该如何？

第三节 人性与生命的亮度

【生命导航】

性与情皆根于心，心是生命之本。性是心之未发状态，是本性；情是心之已发状态，换言之是"心性"的外显状态。我们每个个体生命总是在不断地与其他生命之内在"心性"所释放出来的"情"发生关联，必有所"感"。这种"有所感"也就是我们生命存在所彰显出来的亮度。让自己内心天然具有的那份光明的德性激发和释放出来，就是生命的亮度。但这种释放又不是随意地释放，而是符合节度地释放，以达到既能够让自己的生命发光发热以照亮他人和世界，又不至于自己的光亮和热度遮盖或者灼伤了其他生命，从而达到个体生命与他人生命、社会生命乃至宇宙生命的辉煌、和谐。

> 【生命课堂】

一、心性与性情

　　生命如何从"一团肉体"的点而通达他人及至万物，如何可以让自己具有长度、宽度、高度的生命通透发亮并且释放光彩而照亮他人，并在彼此生命的互相映照下构成人间大生命，这就是生命的亮度问题。生命彼此有相互通达的桥梁，这个桥梁就是生命自身所呈现出来的性情。从可以直接感知的喜、怒、哀、乐等外在情绪，到恻隐、羞恶、辞让、是非等内在情感，再到仁、义、礼、智等原初心性，个体生命之间可以经由情绪的感受、情感的扰动，通达本真的心性。

　　性与情皆根于心，心是生命之本。性是心之未发状态，是本心本性，正因为是本心本性，它与心是合二为一的，因此往往并不直接显露于外。情是心之已发状态，换言之是"心性"的外显状态，正因为它是心的显现或者说心的"现象"，是我们可以直接感知和领会的，它成为我们了解和理解"心性"的钥匙。人生总有情，总是在情的彰显下展开自己的生命，所谓"万水千山总是情"。另外，我们每一个个体生命又都总是在不断地与其他生命之内在"心性"所释放出来的"情"发生关联，必有所"感"。这种"有所感"实际上就是我们自己的性情存在状态和样式，也就是我们生命彰显的生命亮度。大体上，这种性情上的"有所感"也有三个层面，即感受、感动、感通。

　　"感受"是我们性情培育与开发的前提和基础，因为一个不能"感受"的生命（如一个植物人）是不可能还有其他心性沟通可言的，甚至"感受性"作为一种生命能力，往往也影响着一个个体生命对外在东西或他

第五章　生命格局：生命该如何量度

人性情的敏感度。但是，仅仅只是"感受"，还无法点亮我们自己的生命，更无法照亮他人的生命。因为感受毕竟还只是一种当下直接的"接受""承受"，还没有引发自己生命内在的"心"之动作，因此自己的生命之"情"还未显露，此时的生命还处于晦暗状态。

"感动"即我们内在的思想感情受外界事物的影响而激动，引起同情或向慕。很显然，在"感动"中，就不只是我们的"身""有所受"，而是在此"受"的基础上，我们的"心""有所动"。"心有所动"，即心将有所"发"。心"发"而为"情"。换言之，在"感动"中，我们的内心情感会被外在东西所激发，我们自己会释放出各种各样的情绪情感，以作为对"所受"的回应。感动之情，会将我们因于日常生活的平淡而沉寂的生命意识搅动，会让我们生命的血流更加奔腾，会让我们的生命力量更加积极地勃发。一颗"感动"的心，总是被激发出来的"情"包裹着。这个"情"是对其他外在生命所彰显出来的"情"的回应。但是，这一"回应"只是当下直接的、此情此景的，而且是自己内在的。此"情"可谓点燃了自己的生命之火，但还只是"星星之火"，可以让自己偶尔发现心灵上的灰尘，但生命还没有完全通透彻亮，还不足以照亮他人及世界。

"感通"意味"有所感而通于彼"，意即一方的行为感动对方，从而导致相应的反应。《易·系辞上》："《易》无思也，无为也，寂然不动，感而遂通天下之故。"可见，"感通"不只是个体当下直接的生命情感显现，而是通达他人之生命性情。就性情生命而言，"感通"之"通"包括两方面的通：一是自己的生命"通透"，自己内在的生命心性被完全点燃，生命不再是晦暗无明状态，而是自己燃放光明的状态；二是对他人生命的"通达"，即对他人之生命感受有切身感受，对他人生命之感动有本然的感动，并为之而付诸行动。"感通"不仅仅是"身动"而"有所受"，也不仅仅是"心动"而"有所情"，而更重要的是"灵动"而"有所行"。因为"灵性精神"才是超越性的，才会超越当下此情此景、此时此地、此人此事，而通达于彼情彼景、彼时彼地、彼人彼事。

二、向善的人性立场

人的性情所彰显的生命亮度是需要开发的。性情开发的出发点是我们人之为人的"性"，或者是我们通常所说的"人性"。对人性的洞察，直接决定我们开发性情的方向和力度。人性是什么呢？《中庸》这部主要讲人的生命性情开发的经典开篇就指出："天命之谓性"，进而又说，"喜怒哀乐之未发谓之中"，然后强调，"中也者，天下之大本也"。这表明，人之"性"即天之"性"，人性即天性。这个天性是还没有敞现为现实的情感表现的，还只是"中"道，是不善也不恶的人之本性，也就是"中庸"。从人性来讲，这个"喜怒哀乐之未发"的"中"就是人性的本原，人的根本智慧本性。实质上用现代文字表述就是"临界点"。人性的不善也不恶的本性，从临界点向上就是道，向下就是非道；向上就是善，向下就是恶。

在人性问题上，尽管有性善论和性恶论及其他人性论的争论，但是人性向善这一点还是可以得到充分印证的。当然，人性本善的"善"，并不是伦理学意义上善恶相对的善，而是一种向善的趋向性，可以名之为"向善性"。向善性是人性最本质性的存在，是"天地之性"。因为人都是愿意活下去的，愿意活下去即证明他承认自己的生命是善的，否则，他就会为他的"生""活"而感到羞愧。所以说，人性本质上是向善的。这种向善性是人间道德存在的前提，它表明人是可以做善事的；

也是人类教化存在的前提,它表明人是可以教好的;还是人类未来存在的前提,它表明人类不会自毁前程。

诚如现代新儒家唐君毅所说[①]:"在根本上,人与人是互相亲爱的。"人在相见打招呼时,总是会微笑,这自然的微笑,表示人根本上是欢喜他的同类的。微笑之下,也许掩藏着互相利用的心理,良善的语言后面,有人们的私欲。但是,人们必须以良善为面具,这证明了人们是忘不了良善的。世间也许有不爱名誉,无恶不作的小人,也许他还会以他的罪恶自豪,说他敢于为恶。但是,他如此说时,他的内心,已经自以为他如此做是对的了。"对"的观念,他始终忘不了。他自以恶为对的,所以他为恶了。他误以恶为善,所以他为恶了。他依于根本的人类向善之心,而后有为恶之事。恶人的善端不能绝,所以恶人都是可以为善的。你只要使恶人不复以他的恶为善,他将为善了。人们善"善",善以其自身为善,善自己肯定它自己。人们恶"恶",恶以其自身为恶,恶自己否定它自己。善最后是要胜利的。

三、把人当人看的人道立场

基于对人性的理解,我们对待他人就应该遵循基本的人道立场。人道,即以爱护人的生命、关怀人的幸福、维护人的尊严、保障人的自由为原则的为人之道。人道的立场,根本上就是把人当人看,包括不把人当神看,也不把人当物看,而是把人当作一个真实的人看。

每一个具体的人,都有受限的生命经历、受限的知识和智慧,以及其他诸多受限的因素。因此,任何一个鲜活的生命个体,都可能因为一

---

① 唐君毅:《唐君毅全集(卷3)》,九州出版社,2016,第49—50页。

些自己都不一定意识到的"局限性"而犯错、受困。因为他们也都只是常人，不是神，不是可以自己解决所有问题的全知全能的神。因此，当我们面对需要帮助的陌生人时，我们不必一开始就以"批评""吃惊""怀疑"的态度面对，而应该是耐心地倾听，以便帮助发现他所处的困境、困顿的真实性。

现实生活世界中的人，都有自己的人格，有其自主性，有自己的思想、情感、情绪、认知和感受。因此，我们不能将任何现实生活中的人"工具化""器物化"，因为这样的方式都是将"这个"活生生的人"物化"，从而缺少了对"这个"真实生命的尊重。人和万物不一样，作为一个"存在者"，他不是一个如同一块石头、一棵树、一张桌子一般的存在者，而是一个随时都可以发生改变甚至根本性改变的存在者。这就意味着，我们绝对不能用"固化"的眼光看待每一个人，不能用"固化"的眼光看待一个人的不同阶段。

当我们说一个人是人时，首先意味着，每一个单个的人都不仅是人类的一个实例。把人当人看，根本就是在任何时候都承认一个人具有永恒不变的"人"的特性。当我们用"一个人"来回答"我是谁""你是谁""他是谁"这样的问题时，实际上就包含着特定的道德观念。因为，如果我看重人类本质中的天性，那我就是从根本上看重所有的人。因为我相信，每一个人的根本价值来自其存在，而不是来自其行为活动。他是一个人，这就是他的根本价值。由此，我们就会发展出一种基本的道德意识，既包括尊重自己，也包括尊重别人。我认为自己和别人都具有价值，因此，应该既关心自己也关心别人。

由此，要做真正的人，就意味着在私人生活和公共生活中，我们应当关心别人，应当准备帮助别人。我们决不能冷酷无情、蛮横无理。每

第五章 生命格局：生命该如何量度

一个人都应对其他人表达出宽容和尊重，以及相当程度的赞赏。由此，要做真正的人，就意味着：我们必须培养一种对受难者的同情精神，并且特别关注儿童、老人、穷人、残疾人、难民和孤独者；我们必须培养相互的尊重和关照；我们必须以节制与谦和的意识取代对金钱、特权和消费的不息的贪婪！

【生命阅读】

当你与人接近时，如果没有确切的证据，你不应该设想别人或许有不好的动机。这不仅是因为你如此可能误会而诬枉他人，犯莫大的罪过；而且是因为，当你的根本人生态度是向善时，你的第一念必是想他人也与你同样的好善。你是常常希望看见他人之善的，如此，你应该先从好的角度去看人。如果你先从不好的角度去看人，你便需要反省：你的精神可能在下降了。你要想发现值得你对他谦恭礼敬的人，你须有自然发出的对人谦恭礼敬的态度；你要想发现可相信的人，你须先有相信人的态度。也许有一天你发现，你所信的他人，其好都在表面，其内心不可问，你没有办法相信他了。但是你最好仍指出他表面的好，向他表示我相信你是向好的。你相信他是如此，他也将相信他自己是如此。他表面的好，将从其心的外层沉入心的内层。人与人之间的嫌隙，常常是由彼此的疑虑而产生的。彼此疑虑，造成更多可以疑虑的事实；彼此互信，便造成更多可以互信的事实。[1]

---

[1] 唐君毅：《唐君毅全集（卷3）》，九州出版社，2016，第52—53页。

【生命训练】

1. 性善论与性恶论各自的论据及其合理性如何？

2. 怎样理解"把人当人看"？反思我们日常生活中有哪些不把人当人看的现象？

第六章　生命价值：生命该如何呈现

著名诗人臧克家在《有的人》中写道："有的人活着，他已经死了；有的人死了，他还活着。"是什么让一个"活着"的人"已死"，却让已经"死了"的人"还活着"呢？

生命的意义不在于长短，而在于其价值呈现。有的人虽生犹死，或庸庸碌碌失去生活目标，或已是人民群众心目中的"行尸走肉"；有的人虽死犹生，他"俯下身子给人民当牛马"，"他活着是为了多数人更好地活"。这是两种人生选择和人生归宿，"骑在人民头上的，人民把他摔垮；给人民作牛马的，人民永远记住他！"生命存在的价值决定了不同的人生结果。

生活在这个世界，生命是否便有了价值呢？不同的人有不同观点。普遍认为，是否有价值地存在，是人的生命区别其他生命的重要特征。

第一节 确立生命的核心信念

【生命导航】

古希腊哲学家柏拉图把人的心灵划为三部分：理智、意志、情感。有人认为"真、善、美"是与理智、意志、情感相对应的精神价值，"真"是理智的判断，是客观科学的认识；"善"是意志的表现，是一种道德行为；"美"是情感体验，是艺术与精神的活动。普遍认可的是，真善美是一切人类活动的终极指向，是人们在客观事实、行为价值和精神体验三个方面主客观的统一。真善美从不同角度来描述同一种高尚的精神生活，多用来形容人的德行和具备良好品质的事物。柏拉图认为，真实的善是每个人的心灵所追求的，是每一个人一切行为的目的。真善美是人类艺术价值的美学标准，也是人类社会中关于美好生命的核心信念。

【生命课堂】

一、生命与真善美

人类所追求的一切美好的境界，几乎都可以用"真、善、美"概括。什么是真善美？这是一个长期争论不休的问题。许多学者分别从不同角

第六章　生命价值：生命该如何呈现

度和不同的层次、深度，对真善美进行了概括。

"真"，古义与"正"同，"真"为真理、真实、事物的真相，指认识符合客观实际。"善"，指人的行为对群体的价值，它包括个人道德、人格、精神的提高和完善，以及社会的进步和公正。"善"在古时与"美"同义，后世逐渐单用"善"字表示道德，"善"的前提就是"真"。"美"从感知或情感出发，是客体作用于主体，使主体产生一种精神上愉悦的体验。

生命的"真"既体现在外在的生命体魄，又包含内在的理智判断。哲学家冯友兰先生勉励青年"要锻炼体格"，毛泽东对青年提出"文明其精神，野蛮其身体"，一个人要想成就自己，必须具有多方面的素质，但最重要的前提条件就是健康的体魄。生命的"真"还体现在对客观世界本质的努力探索和深入思考上，探寻隐藏在客观事物背后的真相。

"善"是一种美德，"行善者得善果，作恶者得恶报"。上善若水，至高的品性像水一样，泽被万物而不争，至柔却有容天下的胸襟和气度。

生命的"美"是生命哲学中重要的组成部分，生命本身就是美的产物。四季更替，春去秋来，鹰击长空，鱼翔浅底……大自然中无处不洋溢着生命之美。翟中和院士说："我确信哪怕一个最简单的细胞，也比迄今为止设计出的任何智能电脑更精巧。"生命的形态之美、结构之美和生命的神秘美让人叹为观止。

在日常的学习生活中，我们要认识生命之真，践行生命之善，发现并追求生活之美。

努力锻炼身体，努力学习科学文化知识，最大限度地发挥个体的生命潜能。从自己的兴趣入手，展示生命的活力，探求知识的真谛，才能获得独特的生命体验。强健的个体生命和积极进取的精神追求相结合，就是打开未知世界的金钥匙。

待人处事,要心存善念;对己要求,能独善其身。让生命止于至善,我们要"立善志,交善友,从善业,说善话,做善事"。立善志,会让我们有前行的精神动力;交善友,有利于共同提高做人的境界,让人在成长的路上永远与善良相伴;从善业,要把个人的成长进步融入推动国家发展、民族振兴的时代洪流中;说善言,做善事,有助于养成善德,提升自我修养。

美的体验是我们快乐地生活在这个世界上的主要原因,我们要培养并提高自己对美的鉴赏力,学会发现并欣赏生命之美。生命的美最终需要我们回归生命本身,思考生命存在的价值,在享受生命的过程中用善行传递生命之美,用智慧与科学创造生命之美,这才是人生的至臻境界。

二、生命的神圣与尊严

生命的神圣性是人类对自身生命的敬畏和崇拜,它并非源于宗教,而是人类的一种初始经验,因为人类对生命有一种原始的、与生俱来的惊讶、敬畏。

生命的神圣具体表现为个体生命的神圣性。人被视作"万物的灵长",在宇宙中的起源是极其难得的。每一种个体生命的诞生和存在是不可复制的,是大自然独一无二的杰作,也是上一代生命的直接延续。

生命所具有的这种神圣性和唯一性,是生命自身价值存在的基础和前提。从物质角度看生命也许是相同的,但人的生命不仅是生理性的,更是精神的、社会的与文化的,每个人生存与生活的环境都不完全相同,其生命的表现形态也就不一样。

生命的神圣性表明"所有生命都是神圣不可侵犯的",体现了生命的尊严。生命权是公民最根本的人身权,保护公民的生命权不受非法侵害,是我国法律的首要任务。我国《中华人民共和国民法通则》第98条规定:"公民享有生命健康权。"《中华人民共和国民法通则》里所表述的生命健康权,实际上是生命权、健康权与身体权的总称,是人身不受伤害和杀害的权利或得到保护以免遭非法伤害和杀害的权利,及取得维持生命和最低限度的健康保护的物质必需的权利。

生命的尊严包括:自主性、自觉意识、自我表达性,即对自己在这个世界中的断定,自我接受与自我尊重。人的生命有生物生命与人格生命的区分,人格是生命品质,是尊严的核心。

生物学、遗传学、基因技术等科学技术的发展,让人们对生命本身的分析研究越来越深入,当生命也能像制造其他商品一般可以任意设计并从工厂的流水线上大批量生产时,生命的神圣性似乎荡然无存了。

事实上,个体生命不只是一团肉体的自然生命,还是具有精神信念的精神生命,是具有社会关系的社会生命。自然生命具有唯一性和主体性,社会生命具有历史性和亲缘性,精神生命具有创造性和超越性,都彰显了人的生命所具有的神圣性。因此,把握科学与伦理的界限,是对人类神圣生命的尊重。

三、追求生命的崇高

怎么才能维护生命的神圣性呢?

"人吃饭是为了活着,但活着不是为了吃饭。"人应该珍惜生命、尊重生命,但当一个人活着只剩下生物学意义时,就不能称为真正意义上的人。

自然生命的满足是人的生命存在的前提，生理的需要是维持个体生存的必要条件。在遵循人际的、社会的、道德的规范下享受生命，满足个体符合道德或法律规范的七情六欲，是人的生命的基本属性。

但人类还有更高级的需要，人类不限于物质层面的追求和感官方面的满足，对精神的追求才是人类生命的高贵品质。

精神生活的超越，这是人类生命区别于动物的本质所在。自然生命是有限的，客观上对肉体需要的满足也是有限的。许多时候，人生的痛苦不是来自肉体而是来自精神。人类精神生活不仅是无限的，而且能克服肉体无法摆脱的束缚，使生命真正变得神圣、伟大。

孔子对弟子颜回的精神追求赞赏有加："贤哉！回也。一瓢饮，一箪食，在陋巷，人不堪其忧，回也不改其乐。"孔子自己也十分享受这种精神快乐："饭疏食，饮水，曲肱而枕之，乐亦在其中矣。不义而富且贵，于我如浮云。"孔颜乐处，用精神追求超越物质困扰，这是自古至今许多贫寒之士生命过得异常丰富多彩的人格力量所在，也是中国知识分子至高追求。

社会生命的奉献也是人的生命品质的表现。人的自然本能是最脆弱的，难以靠自己的本能生存下去。十月怀胎，父母哺育，人必须在社会中通过教化才能生存与生活。人的生命具有社会性，生命品质不只是生命本身物质与精神的满足，更在于超越个体，奉献社会，从而提升人类整体生命的高度。

中华悠久的历史文化里，无数先贤在追求崇高和道义的路上为我们竖起了永远的航标。

屈原身为三闾大夫，是楚国的决策大臣，他是一个诗人，但他首先是一个"政治家"。诗人的事业，可以不与某一个具体的朝廷和君王相联系，但作为政治家的屈原在不可选择中进行选择，倘不能按照自己的意愿和信仰活下去，不如选择死亡，将死看作一种意志与尊严的使命，屈原选择了为"政治"献身。

当灾祸降临到司马迁身上，司马迁选择了"屈辱"地生。因为司马迁没有完成自己的人生使命，他要以一介布衣的身份完成千古《史记》，"究天人之际，通古今之变，成一家之言"。

"留得青山在，不怕没柴烧。""生，我所欲也；义，亦我所欲也。二者不可得兼，舍生而取义者也。"这两句话并不矛盾，前者多是面对成败时的选择，面对失败，越王勾践卧薪尝胆，最终灭吴；后者多是道义的取舍，为"道义"献出生命也在所不惜。嵇康，为义决然与山巨源断交，一曲《广陵散》是他在这个世界上最美丽的绝响；苏武，被扣匈奴却始终大义凛然，十九年的坚守让大汉的旄节在历史的星空里永远飘扬；谭嗣同，"我以我血荐轩辕"，用自己的鲜血唤醒沉睡的国人。

屈原以死明志，司马迁以生践志，他们的选择都是崇高的，其人生思考世代延传，构成了一个人，乃至一个民族隆起的脊梁。

司马迁的活，是一种责任，一种担当，对他而言，死亡是懦夫的选择，是可耻的逃避。屈原的死，是他道德主体的必然选择，是对生命的完美交代，维护了生命的崇高和尊严。

【生命阅读】

一位单身女子刚搬家，发现隔壁住了一户穷人，一个寡妇独自带着两个小孩子。

晚上突然停电了，女子准备点燃蜡烛时，听到有人敲门。原来是隔壁的小男孩，只见他怯生生地问："阿姨，请问你家有蜡烛吗？"

女子心想：他们家竟穷到连蜡烛都没有吗？千万别借给他们，否则以后就会有更多麻烦。于是不耐烦地说："没有！"

当她准备关上门时，小男孩露出了得意的笑容："我就知道你家一定没有！"说完，竟从怀里拿出两根蜡烛，"妈妈和我怕你一个人住又没有蜡烛，所以我带两根来送你。"

女子愣住了，又自责又感动，她将小男孩紧紧抱在怀里，热泪盈眶。

【生命训练】

1. 爱因斯坦说："照亮我的道路，并且不断地给我新的勇气去愉快地正视生活的理想，是善、美和真。"罗丹告诉我们："生活中不是缺少美，而是缺少发现美的眼睛。"你能列举几个你生活中有关真善美的事例吗？

2. 有人说，活着本身很艰难，正因为异常艰难，活着才具有深刻的含义。没有比活着更美好的事，也没有比活着更艰难的事。你同意这种看法吗？请自设问题，开展一次"关于生命意识"的调查。

第二节　实现生命的多元价值

【生命导航】

人生的一切努力是为了实现自我价值，包括个人价值和社会价值。科学哲学实现真，艺术文学实现美，道德教育实现善或爱，政治实现国家的和谐，经济实现社会的公平……甚至饮食、名誉、权位等，都本于一种价值实现的要求。

当今社会的发展使人类进入了一个价值多元的时代。传统的生存意义面临多种挑战，实用主义和物质主义又对生存价值的追求构成了前所未有的挑战，人类原有的相对稳定的价值体系与行为方式受到冲击，但多元的价值选择又极大丰富和拓展了人们的生活空间和意义世界，为人的全面自由发展创造了更为丰富的机遇和条件。超越自身生命的有限时空，实现生命的多元价值成为现代生活的价值选择和目标。

【生命课堂】

人生和生命是两个既有关联又有本质区别的概念。

人生是短暂的，生命是永恒的，人的生命具有自然属性、社会属性和精神属性，那么人的生命价值同样具有自然属性、社会属性和精神属性。自然属性决定了生命的价值是人对自身存在和发展的满足，社会属性决定了生命的价值是对社会存在发展的满足，精神属性决定了生命的价值是超越生命存在之外的意义。[1]

生命的价值包含了人的存在性价值、实现性价值和超越性价值。

一、生命的存在性价值

生命的存在性价值是个体生命在自然肉体生命方面彰显出的价值，也可以看作是个体生命的生存价值。作为生命，人们首先必须吃喝住行，然后才能从事其他活动。尽管肉体生命是用来成就其他更重要的人文活动的，但肉体生命的存在本身，就有其独特的价值，因为个体生命存在的前提是维系生命。自生命诞生，所有生命都必须在各种环境下顽强生存，维持着生命的延续，这是朴素的生存欲望，也是种族延续的历史使命。

《活着》是作家余华的代表作之一。小说主人公福贵是民国时期的一个地主少爷，嗜赌败光了家产。因母亲患病严重，福贵前去求医的路上被国民党部队抓了壮丁，在抗战途中辗转求生，历尽千辛万苦回到家后，才知道母亲已经去世，妻子家珍含辛茹苦带大了一双儿女，但女儿不幸成了聋哑人。

真正的悲剧从此渐次上演。家珍因患有软骨病干不了重活；儿子因与县长夫人血型相同，为救县长夫人抽血过多而亡；女儿凤霞与二喜喜结良缘，产下一男婴后，因大出血死在手术台上；凤霞死后三个月家珍去世；二喜因吊车出了差错，被两排水泥板夹死；外孙苦根随福贵回到

---

[1] 朱俊林：《当代生命价值观教育研究》，岳麓书社，2014，第2页。

第六章 生命价值：生命该如何呈现

乡下，连豆子都很难吃上，福贵心疼便给苦根煮豆吃，不料苦根却被撑死了……

生命里难得的温情被一次次死亡撕扯得粉碎，只剩下衰老的福贵伴随着一头老牛在阳光下回忆。他孑然一身，空气中处处弥漫着绝望，精神的支撑似乎随时会崩塌，但福贵没有抱怨。他依然保持着对这个世界的友好，他依然维持着他和命运的友情。他曾经拥有过财富和家庭，他没有珍惜，失去了这一切，但他拥有母亲无私的爱，妻子忠贞的爱，孩子、女婿的尊敬和孝顺，所以在经受了如此巨大的打击后仍然没有失去活着的勇气。

其实，这已经包含了生命的意义，他选择坚韧地活下来，表达的是一种朴素的生存哲学，是孤独的个体在困境中不屈不挠的生存意志。

福贵代表了普通中国人积极的生存意识。生命的意义即在于生命本身存在的价值，"活"在这里是挣扎奋斗的成果和胜利，卑微的生存也富有尊严，苦难的人生也有人性的温暖。

人生存在的价值只能从生命的过程中展现出来。生活不是一帆风顺的，人生需要我们用顽强和坚持的态度去跨越生命的坎坷，真正的勇者敢于忍受痛苦和折磨，通过挑战生存处境掌握自己的命运。

弄明白"我为什么要出生"的史铁生感到"庆幸并且感激"，既然来到这个世界上，我们就有存在的合理性，应该勇敢而快乐地"活着"。

作为万物之灵的人类，还应该理性认识到"人之为人"的本真意义。

非文明社会生产力落后，生存条件恶劣，为争夺生存空间、自然资源或权利，一些掠夺者往往采用战争或欺诈等手段获取利益，而现代社会讲究共享共赢，追求和睦相处、共同发展，人既要努力地活着，又不能以伤害他人甚至毁灭他人为代价，这才是人类的存在价值所在。

二、生命的实现性价值

生命的实现性价值是个体生命在个性心理生命维度展现出的价值，也可以称为个体生命的生活价值。"心"是生命的发动机，心的存在形式和内容包括知、情、意。不管是认知还是情感情绪，抑或是个人的意志冲动，都可能成为人的生命行为的原动力。而人的生命实践在相当程度上，也是对人所具有的这些心理潜能充分对象化。这个对象化的过程，就是生命的实现性价值的具体呈现。

《生之爱》荣获第一届"金闪客"年度最佳动画片，它讲述了这样一个故事：

万物凋零的大地，一株刚刚发芽的新苗破土而出。这株新苗长成人形后离开了这片土壤，去探索外面的神奇世界。看见一群鸭子，小人儿就用桔梗编出个小鸭帽，跟着鸭子游进水塘，但因为不谙水性，只好挣扎着游回岸边。小人儿希望跟动物成为朋友，可所有的动物群落都容纳不下他。伤心欲绝的小人儿埋头痛哭，世界好像都弃他远去。最后，他终于找到了自己，他把自己变回绽放的花朵，一朵幸福微笑着的花儿。

在这部带有禅意的动画片中，这株新苗曾经迷失自我，但它最终找回了自己。

每一个人都是独立的个体，在生命成长的过程中，我们需要激发个人的自我意识、自我发现，在清醒地认识到自己的优缺点后，自主选择发展方向，定位成长目标，在不断自我超越中自我实现。

"自我实现"是指个体的各种才能和潜能在适宜的社会环境中得以充分发挥，实现个人理想和抱负的过程，亦指个体身心潜能得到充分发挥的境界。美国心理学家马斯洛把人的需求由低到高分成生理需求、安全需求、情感和归属需求、尊重需求和自我实现需求，他认为自我实现的需要"可以归入人对自我发挥和完成的欲望，也就是一种使它的潜力得以实现的倾向。这种倾向可以说是一个人想要变得越来越像人的本来模样，实现人的全部潜能的欲望"。

马斯洛经过调查，提出具有自我实现需要的人具有15种特征：能对现实采取客观态度；能接纳自然、他人和自己；对人自发、坦率和单纯；以问题为中心，能献身于事业；有独处和独立的需要；具有自主性，保持相对的独立性；能欣赏生活，有持续的新鲜感；比一般人有较经常的高峰体验；关心社会、他人，有强烈的同情心；能发展起与他人的亲密关系，但深交有选择；能区别手段和目的，不会为了目的而不择手段；虚心向人学习；富有哲学幽默；富有创造性；重大问题上不信奉权威，能坚持自己的观点，顶住压力。

中国传统文化中的"自我实现"重视"践行尽性"，重视实践探索和道德修养，通过成长的磨砺和教化，恢复人天然的良善本性，在现实社会中实现人生理想。

孔子说："君子疾没世而名不称焉。"司马迁也认为："立名者，行之极也。"中国传统文化把"立德、立功、立言"定为"人生三不朽"，"立德"指立道德操守，"立功"指建事功业绩，"立言"指的是把真知灼见形诸语言文字，传于后世。"立德、立功、立言"是中国历史上仁人志士孜孜以求的一种永恒价值，是古圣先贤超越个体生命而追求永生不朽、超越物质欲求而追求精神满足的独特形式。

生命的自我实现过程是一个自我设计与自主发展的过程。要唤醒自身存在的巨大潜能，善于接受他人的指导，不断反思评价自己，实现个人理想和抱负。

三、生命的超越性价值

生命的超越性价值是个体生命在社会精神层面彰显出的价值,是超越自己存在本身的价值,也可以称为个体生命的生产价值。这种生产,既包括个体生命的自我生产也包括社会性生产,既包括物质性生产也包括精神性生产。生产行为本身,就是超越原来的存在样式的。

有人说,人生有三重境界:第一重境界是为自己而活,第二重是为家人而活,第三重境界是为他人而活。能同时拥有这三种境界的人生是健康的人生。德国古典哲学创始人康德说:"我通过卢梭的这本《爱弥儿》,真正意识到原来生命中的最高价值并不是理性,而是人性中的崇高美德,人性中的美德才是生命中的最高价值。"

孔子的境界,即"仁"和"礼"的境界。"仁"是孔子哲学的核心范畴,"礼"是孔子哲学最具现实力的概念。孔子认为,圣人是最高的生命境界,但是圣人的境界难以达到。他认为君子境界是可以企及的。君子是一个志于仁且守礼的人,当其成为整个时代的典范时,人们都努力想做个君子。"志于道,据于德,依于仁,游于艺。"孔子强调,君子要光明正大,"君子喻于义,小人喻于利""君子谋道不谋食""忧道不忧贫"。这些君子内在自觉的要求,转化为孔子一生的道德实践,即孔子所追求的超越性价值。

当今中国,社会主义核心价值观"富强、民主、文明、和谐、自由、平等、公正、法治、爱国、敬业、诚信、友善",从国家层面、社会层面、个人层面彰显了个人价值追求和价值实现的目标。

有"当代愚公"之称的毛相林是重庆市巫山县竹贤乡下庄村人。下

第六章　生命价值：生命该如何呈现

庄村坐落在一个巨大的天坑里，被 1000 多米的高山悬崖包围，仅靠一条羊肠小道与外界连接。交通不便、物资匮乏，下庄村成为深度贫困村，村民们祖祖辈辈生活在贫困中。

时任村党支部书记的毛相林立志改变村庄的命运：推动乡村振兴，带领乡亲们脱贫致富是一个共产党人义不容辞的责任！毛相林带领大家用最原始的方式在悬崖峭壁上凿石修道，村民们筹集了近 4000 元钱购买炸药等物资，肩挑背扛，用大锤、钢钎等工具，在绝壁上开凿希望。历时 7 年，终于凿出了一条 8 公里的"绝壁天路"。2015 年，下庄村在全县率先实现整村脱贫。2019 年，下庄村人均年收入达到 1.2 万多元，是路通前的 40 多倍。

生命的价值需要在责任中彰显，在奋斗中升华，敢于担起国家和民族未来发展的历史使命。毛相林的责任感和奋斗精神，让他用实干苦干书写了当代愚公精神，铺就了村民脱贫致富的康庄路，为人们树立了行为的标杆。

【生命阅读】

一位著名的演说家手里高举着一张 20 美元的钞票，对几百个听众问道："谁要这 20 美元？"一只只手举了起来。

演说家接着说："我打算把这 20 美元送给你们中的一位，但在这之前，请准许我做一件事。"他说着将钞票揉成一团，然后问："谁还要？"仍有人举起手来。

演说家又说："那么，假如我这样做又会怎么样呢？"他把钞票扔到地上，又踏上一只脚，并且用脚碾它。然后他拾起钞票，钞票已变得又脏又皱。"现在谁还要？"还是有人举起手来。

"朋友们，你们已经上了一堂很有意义的课。无论我如何对待那张钞票，你们还是想要它，不管它是肮脏或洁净，因为它并没贬值，它依旧值20美元。人生路上，我们会无数次被自己的决定或逆境击倒，甚至碾得粉身碎骨。我们可能会觉得自己似乎一文不值，但无论发生什么，或将要发生什么，你们都永远不会丧失自己的价值。"

人生的价值就如这张钞票，我们在这个世界上的价值取决于我们自身。

【生命训练】

2009年10月24日，湖北长江大学十多名90后大学生手拉手结成人梯，跳入水中救起了两名七八岁孩子，而陈及时、何东旭、方招3名大学生却消失在湍急的江水中，献出了19岁的生命。

2019年7月27日，乡村教师伦学冬带着儿子在金沙滩公园游玩时，为抢救一名不慎落水的11岁男孩，毫不犹豫地跳入海中。男孩被成功救起，伦学冬却献出了自己年仅35岁的生命。

有人认为，3名大学生和这位老师为救小孩而牺牲了自己的生命，这样做不值得。请谈谈你的看法。

第三节　建构生命的丰富意义

【生命导航】

生命是一个发现和创造意义的过程。我们不应该将生活是否有意义和个人生活能不能有意义这两个问题混淆，即使你没有明确考虑过生活的意义问题，这也不意味着无法区分有意义的生活和无意义的生活。

有意义的生活需要我们关注，更需要我们不为现实生活束缚，主动积极地创造有意义的生活，活出自己的人生态度。

因为人的生命是一种自觉自知、自我完善并自我升华的生命，几乎没有人不想拥有更充实、更有意义的生活，这就需要人们不断建构生命的丰富意义。

【生命课堂】

"认识你自己。"这句刻写在希腊德尔菲神庙上的著名箴言，经常被人们用来规劝世人，认识生命真正的价值和意义。

一、生命的意义需要建构

你认为生命的意义是什么？曾经有机构做了调研，答案不一。

"有希望，有事做，能爱人。"

"快乐的存在。"

"传承生命求物种生存，弘扬生命求民族生存。"

"仰望星空，同时脚踏实地。"

也有消极的："想到了驴拉磨的情景，驴眼前的那根胡萝卜有意义吗？"

生命的意义是什么，不同的时代、不同的价值观、不同的生活背景、不同的职业选择，等等，都会有不同的答案。

当强敌入侵、国难当头时，仁人志士们会用热血回答生命的意义："捍卫国土，驱逐外寇。"当国家独立、社会稳定时，建设者们会用汗水回答生命的意义："国家强大，人民幸福。"

儒家选择入世，积极参与社会变革，希望以恢复周礼来重建社会秩序，将个人的生命融入社会，从而彰显生命的价值。"穷则独善其身，达则兼济天下"，是孟子对生命意义的理解，又是儒家构建的人生准则。道家选择避世，追求清静无为，认为个体的生命价值高于一切，通过对自我内心精神世界的修养来探索生命价值。"至人无己，神人无功，圣人无名"，是庄子追求的精神自由。

曾经在很长的一段历史时期，宗教、巫术等主宰引导着人生的意义。《红楼梦》中金陵十二钗的命运已经注定，每个人的一生早就被某种神秘的力量写好了人生剧本，她们人生的意义已被提前设计。

当科学以强大的力量出现，曾经遥远的梦想，因现代科技变得触手可及。科学改变了世界，也改变了人生，那些被统一规定的人生意义消失了，人生的意义一下子变得丰富起来。作为教师，生命的意义是"传道受业解惑"；医生是"悬壶济世，救死扶伤"；法律工作者要"用法律手段维护公平正义"；运动员要"挑战自我，挑战极限"……

生命的意义全由自己选择和构建，因为意义只能存在于人类心智的架构内，只有当我们赋予生命意义的时候，生命才真正有了意义。

二、建构生命的自然意义

《热爱生命》讲述了这样一个故事：一个淘金者在返回的途中被朋友抛弃了，他独自跋涉在广袤的荒原上。寒风凛冽，雪花飘飞，他又冷又饿，而且腿受了伤，流着血，鞋也破了，他在布满沼泽、丘陵的荒原上蹒跚前行。然而，尽管精疲力竭，他仍然在和一只病狼的殊死搏斗中咬死了狼。他在同荒原、伤残、饥饿、死亡的斗争中，赢得了生存的权利，成为自然的强者。

生命是脆弱渺小的，但也是坚忍顽强的，淘金者始终保持生存的信念，终于绝处逢生。

《爸爸去哪儿》中，化了老年妆的家长们一改往日朝气蓬勃的状态，顿时形容枯槁、老态龙钟。当女儿夏天看到爸妈们的老年妆，她的第一反应是无比震惊，接着竟有些疑惑失措。看到老去的父母，夏天泣不成声地说："我不想你们死。"

另一档亲子节目《妈妈是超人》中，节目组安排妈妈邓莎和外婆化上老年妆。邓莎问儿子大麟子："你想妈妈变老吗？"大麟子的答案毫无意外是否定的。可当邓莎问孩子"为什么不想妈妈变老"时，他一屁股瘫坐在地板上说："那你会埋到土里呀！"随后，他用小手捂住难受的哭脸，似乎无法接受爸妈老去的样子。

没有人愿意和自己爱的人分别，夏天如此，大麟子如此，人类社会又何尝不是这样？

个体生命从孕育到出生，从幼小到逐渐长大，承载了父母等亲人多少辛苦、呵护、期望？承载了社会多少期盼和关爱？现实社会中，一些人遇到一点坎坷挫折等生存困境，就丧失了生活的信心。全球范围内，青少年自杀数量呈上升趋势，而自残自毁者更难以统计了。选择死亡并不是自我解脱，而是一种极端的自私，因为自己不敢面对现实压力，便把无尽的悲痛留给最亲的人，如同把漫漫黑夜留给父母。

生命的价值不能以是否成功作为唯一的标准进行判断。科学研究证明，乐观和悲观是一种习惯，而这种习惯决定了一个人整体幸福感的高低。乐观的人面对挫折依旧积极坦然，悲观者即使身处幸福之中而浑不自知。走出自己封闭的小圈子，学会用开阔的心胸拥抱世界，生命就有了希望。

三、建构生命的社会意义

20世纪50年代，20岁的重庆江津高滩村村民刘国江爱上了大他10岁的寡妇徐朝清，他们携手私奔至海拔1500米的深山，靠野菜养大7个孩子。为让徐朝清出行安全，刘国江一辈子都忙着在悬崖峭壁上凿石梯通向外界，50年如一日，铁锹凿烂了20多把，凿出了6208级被称为"爱情天梯"的石梯。

"怕她出门摔跟头。"刘国江把对妻子的爱化为凿路的动力，而他，也从一个年轻人变成了一个白发老翁。

"我心疼，可他总是说，路修好了，我出山就方便了。其实，我一辈子也没出过几次山。"摸摸老伴手上的老茧，徐朝清流着泪。

冰心赠葛洛这样一段话：爱在左，情在右，在生命的两旁，随时撒种，随时开花，将这一径长途点缀得花香弥漫，使得穿花拂叶的行人，踏着荆棘，不觉痛苦；有泪可挥，不觉悲凉！

刘国江用手中铁锹演绎了千年的绝响，用爱和责任构建了他们今生全部的意义。在这个世界上，爱人和被爱，都赋予了生命灵动的色彩。因为爱能给人温暖，责任能给人力量。学会了爱，一个人的精神就会幸福；敢于承担责任，生命就会充满活力。

弗洛姆说，要想真正学会爱，你的爱就不能只是指向某一个人，它还应该指向更宽广的领域，指向更多人。爱是一种情感，也是一种能力，要真正地学会爱，学会担起责任，就要有大爱。用青春、梦想、智慧去发现爱，去传递爱，去爱身边一切值得我们付出爱的事物。

"人间的结合，最崇高的，是爱的结合。爱是相爱的人的生命的相互渗融、贯通。爱破除人与人之间的距离，破除人与人之间的自我障壁，使彼此的生命之流交互渗贯，从而各自扩大其生命。"[①] 所以，爱里面必包含着牺牲，牺牲是爱存在的唯一证明，如无私的父母之爱，孝顺的子女之爱，隽永的手足之爱，纯真的朋友之爱……"爱人者，人恒爱之。"爱没有大小之分，爱他人的生命，爱他人的人格，爱己、爱家、爱国都同样伟岸，正是这种爱所成就的人伦道德关系，构成了富有意义的社会生命。

四、推动建设人类命运共同体

人类借助宇宙飞船在太空全景式反观地球，引发了人类观念史上的一次飞跃：由所谓"蓝色救生艇"的生存意识导引出"地球村"概念，又派生出"生命共同体"思想。

---

① 熊吕茂：《读唐君毅〈人生之体验〉》，《湖南涉外经济学院学报》2008年第2期。

生命共同体的意蕴有三：第一，从人类自然生命来看，人与人在生命本质上相同，故整个人类在生命存在的意义上是一个"共同体"；第二，从价值观念上看，人类的每一份子都应该努力突破个体的限囿，在社会文化层面相互沟通，达到人生观、价值观的和谐统一；第三，从宏观的宇宙生命上看，不唯人与人的生命为一个共同体，人与其他生命体乃至整个宇宙的大生命都是相互沟通的。

生命是一个动态平衡的系统，包括人类在内的所有生命之间本质上是相沟通的，但人类必须建立生命的根源性意识。

荀子曾自信地宣布："人定胜天。"到了近代，黑格尔说："当人类欢呼对自然的胜利之时，也就是自然对人类惩罚的开始。"人与自然和谐相处，有效利用、合理改造生态环境时，得到的往往是大自然加倍的回报和恩惠；当人们破坏性、盲目性、掠夺性地向自然索取资源时，得到的往往是无情的惩罚和报应。这是生态文明"命运共同体"理念中人与自然、人与社会关系和谐的基本要义，科学地保护生存环境和生命个体，是人类义不容辞的责任。

全球化时代，国际社会日益成为一个你中有我、我中有你的"命运共同体"，面对世界经济的复杂形势，任何国家都不可能独善其身。"命运共同体"是我国政府反复强调的关于人类社会的新理念，人类社会是一个相互依存的共同体已经成为共识。

在骤然袭来的新冠肺炎疫情面前，这一理念正被更多人接受。同时，全球战疫也竖起了一面镜子，映照出越来越多国家、民族守望相助，互施援手的"人类镜像"。

生命共同体意识表现在人生实践中，要求人们在获得自己幸福生活的过程中理解他人生活，促成他人获得幸福生活，甚至放弃自己的幸福

第六章　生命价值：生命该如何呈现

以让他人获得幸福。

生命共同体意识还表现在人类不仅要分享一切现代化成果，而且必须共同承受社会的灾难与痛苦，共同发展，共谋幸福。人们就可以学会与他人、与社会、与整个大自然和谐相处，超越种族、文化、国家与意识形态的界限，迈向人类命运共同体。这是中国领导人对历史和现实深入思考后给出的"中国答案"，为思考人类未来提供了全新的视角，为推动世界和平发展给出了一个理性、可行的行动方案。

【生命阅读】

莉丝·默里，1980年9月生于纽约布朗克斯贫民窟里，父母都是瘾君子，感情破裂，母亲患有精神分裂症。家庭唯一的收入来源是政府每月发放的救济金，但是很大一部分钱都被父母用于购买毒品，年幼的莉丝和姐姐经常挨饿。

莉丝经常目睹父母注射可卡因，母亲曾偷过自己过生日的钱，卖过电视机，卖过姐妹俩的衣服，甚至在感恩节的时候把教堂送的一只火鸡也卖掉，只为凑足钱买毒品。莉丝总是衣衫褴褛，满身虱子，被人欺负。她对这个家感到厌倦，她选择逃离学校，逃离这个不温暖的家。

她遇到了卡洛斯和萨曼莎，因为相似的家庭背景，他们很快就成为朋友。每天穿梭在各种繁华的街道，莉丝就这样肆意挥霍着青春。在莉丝15岁时，母亲因艾滋病去世，父亲被送进了收容所。

她成为流浪女，在偷食物时她会顺便偷些书籍，然后在一位朋友家的门厅里研读功课。随着慢慢成长，莉丝意识到，只有读书才能改变自身命运。"就像我妈妈以前那样,我总是对自己说,'有一天我会搞定我的生活'。可当我见到我妈妈直到死还是没能实现自己的梦想时,我明白了,我做出改变的时间要么是现在,要么就永远不可能了。"她开始第一次认真思考自己的人生。

莉丝用最真诚的态度感动了高中校长,争取到了读书的机会。尽管她无处可住,这么多年来又未上过学,但是在17岁时,她发誓要成为一个优等生,并且要求自己在两年内就要完成高中教育。

于是她离开了她的那些朋友,再一次步入校园。为了完成这个目标,她不得不全身心投入。她没有地方可以住,有时借宿在朋友家,有时睡在楼道里,有时在地铁站过夜……

她一个学期学完一年的课程,晚上去夜校。一位老师看她很有进取心,对她进行辅导。当这位老师把他手下最好的10名学生带进哈佛时,她就站在这所大学外面,毫无畏惧地欣赏着它的建筑——然后她决定她要进这所大学。

在这样艰苦的条件下,她只用了两年时间完成了4年的课程,拿到了《纽约时报》提供的奖学金,拿到了哈佛大学的录取通知书。

现在,莉丝已成为一名国际演说家,她被称为感动全美的"奇迹女孩",被评为"美国当代杰出年轻女性"。

"不要把儿童时期的苦难当作不把握机遇的借口。"莉丝说,生命的意义,不是由我们的家庭背景决定,而是由我们自己去定义的。

【生命训练】

寒冷的早晨,被关在纳粹集中营的著名心理学家弗兰克尔被看守拿

第六章　生命价值：生命该如何呈现

着枪驱赶着前往工地，脚上的冻疮让他难以行走。这时他想起了妻子，他唯一的希望是妻子可以在集中营里过得比自己好些，于是，他咬牙坚持下来了，最后逃出集中营。

卢永根院士一生简朴，家里连值钱的电器都没有，椅子坏了，他用铁丝绑上，也不愿意买新的。但身患癌症的他拖着孱弱病躯，把880多万元人民币全捐给华南农大，用于奖励贫困学生和优秀教师。

2020年春，新冠肺炎疫情发生后，广大医护工作者主动请缨，毅然奔向这没有硝烟的战场；公安干警、基层干部、运输司机等，义无反顾，逆流而上……他们为守护人民的生命而将自己置于危险之中，甚至不惜付出自己的生命。

他们的行为建构了生命的意义。请结合三则材料，分析弗兰克尔等人能这么做的原因，并谈谈自己的感悟。

第七章 生命境遇：直面生命的挑战

尽管生命意义是个体生命自己建构的，但是人生的意义与价值的实现程度并不完全由个体生命自己决定，"人生"所在之"世"会对生命的实现过程构成各种各样的"境"和"遇"，这些境遇或者能够与人生的意义建立起直接关联，或者会妨碍人生价值的实现。通过对生命实现中各种不同境遇的辩证，明晰这些境遇的不可回避性，学会承担生命，这也是生命教育的重要内容。

第一节 生命的失落与圆满

【生命导航】

人们总是在向往和追求生命的真、善、美、圣，但是，每一个人的人生又总不可能做到绝对的真、善、美、圣。就如我们要看到美丽的荷花总是开在污泥中一样，人生也总是充满各种不同的失落和不完美。而且，恰恰是通过这些失落和不完美，我们才有追求真、善、美、圣的生命力。这就是生命世界本身的辩证法，亦如自然世界的辩证法一样。

【生命课堂】

一、失落作为生命中的缺憾

失落是人生常见的经验，凡原来拥有的事务、关系、情感依附的对象或生活依赖的对象，在个人非自愿的不可抗拒的情形下被剥夺，都是失落。失落以各不相同的方式呈现，有些是可以预期的、有些则无法预料；失落可能是真实的，也可能是想象的。虽然生活中的失落形式很多，但仍可区分出以下类型[1]：

预期发生的失落多为生命发展过程中的自然转变，例如：第一次离家上学、毕业告别亲友、离开原生家庭结婚成家，开启新的旅程，等等，人们对预期的失落，有较好的心理准备。而意外的失落对个人造成的创伤较为剧烈，因为事情来得突然且毫无防备，例如：意外死亡、突发灾害、事故，等等。

具体的失落是指失去实际的物品、身体部位，或失去朋友、家人；象征性的失落是指社会心理层面的失落。例如：考试失利、失去名誉、

---

[1] 李昱平等：《生命教育概论》，台湾美新图书公司，2006，第76页。

第七章 生命境遇：直面生命的挑战

失去自我认同或权利，再如友谊决裂、失恋、失去亲人等关系失落……通常具体的失落会伴随象征性的失落。例如，一个独生子女家庭失去唯一的孩子，看似是家庭成员离世而产生的具体失落，但这个家庭也因为失去了后代，造成了子嗣传承中断的象征性失落，也是失去了父母角色认同。再如，一位因乳腺癌手术而失去乳房的女病人，她失去的不仅是身体的某部分，也同时失去了部分女性的象征意义。

最初的失落常会引起接踵而来的次要的失落，因而更加加重个人的悲伤反应。当男女朋友分手时，对他们而言不仅失去对方的友谊关系，也是失去连带的其他社交关系，比如曾经共同的朋友圈。公司解雇是初级失落，接着而来的是失去经济来源、失去同事关系、失去成就感等次生失落。

二、失落的反应和表现

一般来说个体失落的反应包括身体产生无力感、夜间睡眠质量不好、没有食欲；在行为上，会有逃避、不愿与人接触，不想读书、考试等回避反应；在认知上，容易出现不良的认知思考，或是扭曲的认知思考，包括强迫式的思考、对自我产生怀疑、时常胡思乱想、无法集中注意力；情绪上则会出现伤心、遗憾、沮丧、震惊、无力、挫折感等"悲伤反应"。

以上的"悲伤反应"有可能出现一条或者数条，但并不是每一条都会经历，每个人表达悲伤的方式是不同的，反应也会不同。就好像我们看到雪花，远看无异，但仔细看每一片雪花结晶都有独一无二的花纹。接下来，让我们一起看看有可能会普遍存在三个阶段的反应：逃避阶段、对抗阶段、重建阶段。[1]

逃避阶段。当个人有重大失落时，可能会出现昏晕、麻木等情况，接着出现否认现实的心理防御机制。这些都是在主观意愿上避免受到巨大打击，让自己慢慢接受失落的事实。比如，当一个母亲在接到医院和警方电话，被告知自己的孩子在放学路上遭遇车祸正在抢救。很可能她的第一反应是：不可能，一定是搞错了，或者是诈骗电话。认为这件事情没有发生，不是真的，并不可能等情况，这显然是一个典型的"否认"。一方面心存侥幸不愿意接受事实，另一方面也是让自己在心理上有一个暂时的缓冲和隔离。

对抗阶段。经过一段时间之后，悲伤者慢慢意识到自己的情绪和行为与平日不同，会呈现出恐惧、紧张、焦虑的感受。虽然一般人会承认自己的情绪，但心中仍然会有很多不安，却因为社会价值并不赞同愤怒、不安的情绪发泄，而转向压抑、罪恶感和沮丧。在华人文化中，悲伤似乎是一个不能言语和表达的部分。俗语"男儿有泪不轻弹"，成语"节哀顺变"，这之中都有对悲伤、哀伤的节制和抑制。同时，个体开始讨价还价、责怪他人或者自己，认为造成失落事件是自己的责任。还会出现退缩、精力不济、自我放逐等状况，焦点仍然关注在失落本身上。

重建阶段。在这个时期，所有的悲伤反应开始慢慢减少，悲伤者慢慢减少思念失落的体验，逐渐恢复对周遭的人、事、物的兴趣，情绪与人际关系慢慢走上正轨，学会正视失落本身，开启新生活的重建。

需要注意的是，这些悲伤失落反应的阶段也有可能是交替的，而不一定是线性的。也就是说，有可能逃避、对抗、重建这几个阶段会螺旋

---

[1] 李昱平等：《生命教育概论》，台湾美新图书公司，2006，第76—78页。

交替出现。

三、走过失落重建生命的意义

失落令人痛心难过，但它的存在是有意义和价值的。

失落是一种无法回避的生命经历。人的一生，是面临各种问题挑战的一生，失落感是人在面临挑战时的反应之一，因此，从某种意义来说，它是一种正常的心理现象。无论是幼儿、少年、青年、成年和老年，都会遇到各种各样的问题，遇到各种各样的挫折，都会经历各种各样的心理危机，失落感不过是心理危机的表现之一。它使人的心理从原来的"有序"转变为"无序"，经过"失落"的这一特殊阶段，经过痛苦的思索、抉择和努力的超越，再从"无序的心理"转变为"有序的心理"，这时，人经受了一场考验，人的心理品质和心理能力也就有了提高。因此，失落感是人生历程中的一种"正常"心理现象。

悲伤不是一种单一的心理现象，个体生命经历悲伤的表现是多元多向的。它可能是反应在个体认知、情感、行为的心理层面的失调；也连带着财务状况变化导致经济层面的改变；还有日常生活习惯变化的现实层面；透过生理症状、人际关系变化的社会层面；渴求意义、与苦难共生的精神灵性层面。因此，如何正确对待和处理失落，是需要勇气和智慧的。

接受失落，而并不是去挑战它。失落的历程是一种适应性反应，而不是病态心理。悲伤是遭遇失落时再正常不过的反应。这些看似负面消极的身心反应，不是要我们努力去"克服"，或者像面对疾病和恶习一样去"康复"，而是用健康且适当的方式体现失落的历程，相信这样的体现最终能够协助我们重建有意义的生活。在失落的初期，看似足不出户、拒绝社交等"退行性反应"都是可以被接受的。

处理失落的痛苦,适应新的世界。伤心、沮丧、生气、疲惫和苦恼都是正常反应,我们应该肯定、鼓励失落者适当地体验这些感觉。这样他们才不会一直背负这些感觉,让这些体验一直伴随一生。同时,失落事件的当事人,也要重新界定自我,学习新的适应技巧,可以把注意力适当放在其他人和活动之上。

展开新生活并建立与过去失落的联结。从优质的社会支持系统中获取帮助和力量。比如参加互助小组、向亲人朋友倾诉,结交新的伙伴,从新的交往中获得感情上的安慰,等等。在短暂的休息调整(这是完全必要的)之后,要及时地调整生活的内容,多做一些对人生、对社会有意义的工作,这样,强烈的失落感会被另一种有价值的生活所替代。同时,在合适的时候,可以尝试对过去失落有意义的联结,从过去的失落中发掘意义感。

没有一个人度过失落的经历可以按部就班地遵照单一的理论和方法,法无定法,请相信你独一无二的生命智慧!

【生命阅读】

《失落的一角》故事来自美国作家谢尔·希尔弗斯坦,他是一位享誉世界的艺术天才,也是20世纪最伟大的绘本作家之一。一千个人心中有一千个哈姆雷特,关于这本书所揭示的内涵,可能会有万种理解。此刻,借用周国平先生的一段书评分享给读者朋友们:这是一个耐人寻味的寓言,中心意思似乎很简单:有缺憾胜于完美。可是,为什么呢?你可以说因为有缺憾才有追求;也可以说因为缺

第七章　生命境遇：直面生命的挑战

憾从另一面看正是优点和机会，这要你自己去琢磨了。也许你一时说不清楚，但你不会不产生一种感想：完美是更可怕的缺憾，而缺憾倒往往是可爱的。一天，我和我5岁的女儿一起看这本《失落的一角》，这一只有缺憾的圆的故事把她迷住了，她一边看，一边笑个不停。第二天一早，她带着这本书去幼儿园，一心要和小伙伴们分享她的快乐。我知道，谢尔在她心中的地位从此不可动摇。

有一个小球，它叫圆满。圆满本来快乐地生活着，可有一天，它在和小伙伴玩的时候，不知怎么被石头磕了一下，身上的一个小角在不知不觉中滚走了。当圆满发现这件事后非常着急，它觉得自己少了这一部分就不完整了，它决定一定要找到那失落的一角，于是寻找的旅途就开始了。

圆满在寻找的过程中吃了不少苦，有时它被火辣辣的太阳晒着，一滴一滴如同黄豆一样大的汗珠滴进了泥土里；有时它被倾盆大雨淋得睁不开眼；有时它又被鹅毛般的大雪覆盖，使圆满无法动弹，过了很长时间，天晴了，太阳出来了，圆满才能够正常行动。

当然，一路上开心的事情也不少，圆满在路上看到了很多不知名的美丽花朵，闻着各种芬芳的花香，真是幸福；圆满还和花丛中的蝴蝶们嬉戏、和草丛中甲虫赛跑，在快乐中它忘记了那些痛苦的事。

圆满一路唱着歌，一路不断打听角的消息，它遇到小虫就问："你知道我的一角在哪里吗？"小虫摇摇头；它遇到小白兔就问："你知道我的一角在哪里？"小白兔也摇摇头。为了找到那失落的一角，圆满翻过了很多座山头，游过了大海，穿过了沼泽和丛林。

终于有一天它看见了一个角，可是那个角不愿意做圆满的一部分，圆满很失落继续寻找，后来它又看到很多小角，只是有的角太小、有的角太大、有的又太锋利、有的又太方正。最后圆满终于找到了一个角，正好合适，于是圆满又开始滚动了，它越滚越快，从来就没有这样快过，可圆满发现自己并不快乐了，因为它不能和小虫说话了，不能闻花香了，不能和甲虫赛跑了，不能和蝴蝶嬉戏了，更不能唱歌了。

圆满决定还是和那个角分离了，它想保持旅途中自己原来的那个样子，因为它已经习惯没有一角的生活，从此它再也不需要那一角了，它还是快乐的"圆满"。

【生命训练】

请你想一想，就你印象所及，请填写以下内容：

1. 让你印象最深刻的失落事是：＿＿＿＿＿＿＿＿＿＿＿＿＿＿＿

2. 发生的时间、地点：＿＿＿＿＿＿＿＿＿＿＿＿＿＿＿

3. 你当时脑海中出现的想法是：＿＿＿＿＿＿＿＿＿＿＿＿＿＿＿

4. 当你知道此事时，你的情绪是：＿＿＿＿＿＿＿＿＿＿＿＿＿＿＿

5. 这些情绪持续了多久？

6. 你做了哪些努力（或旁人给你何种协助），使你的想法改变，让这些情绪转化：＿＿＿＿＿＿＿＿＿＿＿＿＿＿＿

7. 你觉得这些努力或协助是正向的支持、陪伴或鼓励？还是负向的忽略、漠视或压抑？

第二节　生命的挫折与困顿

【生命导航】

蝴蝶的成长必须在蛹中经过痛苦的挣扎，直到它的翅膀强壮了，才会破蛹而出。否则，它很快就会被环境所吞噬。无论是动物还是人类，承受压力和挫败，是成长必然的过程。当婴儿生病的时候，老人家通常都会说"病一病，壮一壮"，每一次和外界的病毒细菌做一次斗争，都会让孩子的免疫能力增长一些。生命中的挫折和困顿是每一步成长旅途中的瑰宝，他们会让我们更加敏锐捕捉前进的方向，加速步伐调整前进的队形。

【生命课堂】

一、挫折是人生的常态

挫折与困顿无处不在。在人一生不同的发展阶段，我们随时都可能遇到各种形式及或大或小的挫折与困顿。学习不理想、人际关系紧张、恋爱情感出现困扰、亲子关系不和谐、身体健康出现状况，等等，都有可能造成挫折，体验到困顿。

自然界中的一切事物都按照自己的固有规律发展着，因此，作为每一个在自然环境中生存发展的人，必然会遇到自然因素引起的种种挫折。例如，自然灾害（如地震、洪水等），以及由于自然因素影响而引起的衰老、疾病、死亡、事故等，这都是人们无法克服的客观因素。

挫折产生的社会因素是指人在社会生活中所受到的人为因素的限制。其他包括一切政治、经济、民族习惯、宗教信仰、社会风尚、道德法律、文化教育等的种种约束。如不同风俗习惯、地域差异造成的交流障碍；社会或网络舆论对个人言行的批判、指责等。种种社会因素，不但对个人的动机构成挫折，而且对个体行为所造成的影响也是很深远的。

家庭的经济情况、组成结构、人际关系、教育方式、抚养方式，以及家长的素养等对学生的心理挫折都有直接或间接的影响。例如，自小娇生惯养和过分受保护、被溺爱的孩子比较容易产生心理挫折。学校的各项规章制度、教育教学方式、学习风气、校园文化氛围等对学生的行为起规范、制约作用，如果与学生的性格、爱好、态度、愿望、成长背景等不相符，挫折感也将由此而生。

个人身高、容貌、经济状况、知识、能力、社会地位、疾病以及某些生理缺陷（如口吃、色盲）所造成的限制也会使人产生挫折感，特别是与生俱来的生理条件，由于它通常无法改变，给人带来的挫折感很大。例如，有的同学因为身高问题而自卑，有的同学可能因对自己的外貌不自信而苦恼，这些都可能给人带来挫折感。此外，个体因需求、动机、气质、性格等心理因素也可能导致活动的失败、目标无法实现而产生挫折。比如，人格不够健全、能力欠缺，认知方式偏差，内在需要得不到满足，这些都会让人产生挫败感。

二、面对挫折的可能反应

个体受挫与否，是由当事人对自我的动机、目标、结果之间关系的认知、评价和感受来判断的，因此挫折感之间存在个体差异。人们对挫折有不同的反应，主要包括生理、心理和行为三个方面。[①]

在生理层面，机体内部的自我调节机制将会最大限度地调动集体的潜能，以有效应对外界环境的变化。比如，交感神经系统兴奋，血液循环加快、血压升高、呼吸加快，各种激素分泌增加；消耗大量能量，而消化道蠕动减慢、胃肠液分泌减少，等等。长期处于挫折情境，会引起身心病变，出现心悸、气急、腹胀、尿少，脸色苍白，四肢发冷等一系列症状。

在心理层面，主要表现为情绪性反应。情绪性反应主要指个体在受到挫折时伴随强烈的愤怒与敌意、紧张与焦虑、冷漠与回避等情绪所作出的反应，可能表现为强烈的内心体验，也可能是特定表情或者行为反应。主要为消极性反应。

除了在生理、心理方面有一系列反应，挫折情境下，个体还会伴随某种积极或者消极的行为反应。挫折后消极的行为反应通常是带有强烈情绪色彩的非理性行为。常见的消极反应有固执、攻击、逃避、退化、逆反等。常见的积极反应有：宣泄、升华、补偿、幽默等，我们会在后续具体讲解中阐述如何建立积极的行为反应。

---

① 马建青：《大学生心理健康教育》，浙江大学出版社，2012，第234—237页。

三、直面挫折的生命态度

（一）正确认识，改变不合理信念

首先，正视挫折的普遍性与双重性。每个人在人生旅途上都会遇到挫折。而挫折具有双重性，既有消极的一面，也有积极的一面。每个人都经历过逆境，在逆境面前建立积极进取的态度以及信心，变阻力为动力，那么逆境和困难很可能成为一种难得的机遇，促进个人发展，增强创造力和智慧。

其次，摒弃不合理信念。内心引起的强烈挫折感与其说是挫折、冲突，不如说是受挫者对所受挫折的不合理看法及应对态度。常见的不合理观念有：

不该发生挫折。有的同学认为生活应该是一帆风顺的，人际关系应该是和谐的，一旦出现人际关系冲突、成绩下降、评优无果等各类事件，就会束手无策，想不明白为什么会发生这样的事情，从而失去信心、丧失斗志。

以偏概全。有的同学习惯性以片面的思维方式看待事物，以某个具体的人或事来衡量全部。例如，一次考试失败，就认为自己每次考试都会失败，不是读书的材料，干脆放弃读书；一次失恋就认为自己很差劲，从此自卑自弃；一次找别人帮忙被拒绝，就认为没有人会在困难时候帮助自己等。

无限夸大后果。有些同学遇到一点小挫折，就把后果想象得非常糟糕，使得自己越来越消沉，情绪越来越恶劣，原本只是个小问题，却被想得越来越严重。例如，某个同学因感冒引起肺部感染，原本治疗几天便好，但他认为自己马上要得肺癌了，没有治好的希望了，自己吓唬自己。

（二）正确归因，客观分析原因

遭受挫折后，个体通常都会对挫折情绪进行主观分析与评价，其中个体的归因会影响其挫折体验。习惯外部归因的人认为行为结果受外部力量，如运气、机会、环境等无法预料和支配的因素控制，面对挫折感到无能为力，从而不敢尽最大努力去克服困难；习惯内部归因的人，认为行为结果是由自身的能力及努力程度决定的，将失败的所有问题都归咎于自己，过度自责，丧失自信。因此，理性地面对挫折，冷静地分析问题，既能看到失败的外部客观原因，又能看到内部的主观原因，对造成挫折的本质原因进行合理地认识和评估，找出失败的症结所在十分重要。这就要求从自身实际出发，用实际行动去转变挫折情境，扭转局面。

（三）积极行动，获得积极体验

首先，合理运用积极的心理防御机制。心理防御机制是挫折发生后，人在内部心理活动中所具备的有意或无意地摆脱挫折造成的心理压力、减少精神痛苦、维护正常情绪、平衡心理的种种自我保护方式。心理防御机制有消极和积极之分。构建成熟的心理防御机制，有利于缓解受挫后心理紧张和焦虑，提高心理健康水平，有助于自信心的培养与意志的磨炼。

其次，积极建立支持系统。良好的人际关系是提高学生应对挫折能力的有效手段，建立和谐的社会支持系统，对提高挫折的心理适应能力意义重大。由交往形成的人际关系可满足人的归属需要、情感需要等。受挫后如果能够得到朋友和亲人的安慰、关心和支持，就能有效缓解受挫后的心理压力和不良情绪。另外，当受挫后陷入困境无法摆脱，而身边也没有足够的力量支持时，需要寻求心理咨询师、心理治疗师的专业帮助，通过咨询师的有效引导，调节主观认知，增强对挫折的适应能力，唤醒成长内驱力，提高挫折耐受力。

挫折是一种内驱力，生活中的强者往往为挫折所激发出强大的身心力量。虽身处逆境，却百折不挠，投入更多的时间精力与智慧，实现对挫折的适应，并最终战胜挫折。

【生命阅读】

英国劳埃德保险公司曾从拍卖市场买下一艘船，这艘船1894年下水，在大西洋上曾138次遭遇冰山，116次触礁，13次起火，207次被风暴扭断桅杆，然而它从没有沉没过。劳埃德保险公司基于它不可思议的经历及在保费方面给带来的可观收益，最后决定把它从荷兰买回来捐给国家。现在这艘船就停泊在英国萨伦港的国家船舶博物馆里。

不过，使这艘船名扬天下的却是一名来此观光的律师。当时，他刚打输了一场官司，委托人也于不久前自杀了。尽管这不是他的第一次失败辩护，也不是他遇到的第一例自杀事件，然而，每当遇到这样的事情，他总有一种负罪感。他不知该怎样安慰这些在生意场上遭受了不幸的人。当他在萨伦船舶博物馆看到这艘船时，发现已经有1200万人次参观了这艘船，仅参观者的留言就有170多本。在留言本上，留得最多的一条就是：在大海上航行没有不带伤的船。

于是，他就把这艘船的历史抄下来和这艘船的照片一起挂在他的律师事务所里，每当商界的委托人请他辩护，无论输赢，他都建议他们去看看这艘船。它使我们知道：在大海上航行的船没有不带伤的。

【生命训练】

身处逆境，不用怕！试参考下列帮助我们跨越逆境的方法。

1. "流水不腐，户枢不蠹"，保持适量的运动和活动。

2. 写下你的座右铭。

3. 想象三五年后事过境迁、雨过天晴后的你，他／她会给现在的你什么意见？

4. 想象你所欣赏和敬爱的人给你写信鼓励，他会写什么给你？

5. 写"感恩记录"，每日列出当天美好、快乐的人、事、物。越多练习，越惊讶生命原来有这么多美好。这也是你在偶有失意时的"快乐证据"。

6. 留意"应该""必须""一定要"这些词语。

7. 试试细听路易斯·阿姆斯特朗的歌曲《多么美好的世界》（What a Wonderful World）。

8. 助人！为快乐之本。

9. 搜集励志的故事，并与人分享。

10. 走出陈旧框框，尝试新鲜事物和活动。

11. 细沙成塔，点滴成河。有耐性地一点一点累积，无论是金钱、亲情友情的建立，知识、技能的掌握。

12. 留意你身边有没有"天使"？也试试作别人的"天使"！

13. 探访墓园，明白生命的生死得失。

14. 扫墓，慎终追远，明白人与人有绵延不断的联系。

15. 以自然为师：相信生命的自然律动，参与其中，而又接受改变。

16. 以自然为师：宋朝理学家程颢养了数尾小鱼，时时细看。旁人问他原因，他回答说："欲观万物自得意。"

17. 每人都有"创作"的渴望，试试发挥你的创作能力；不论是小手工、摄影、写作（写 blog）、焗一个蛋糕、发明一道菜式、做一个小布偶……

18. 清除杂物，捐赠物品。

19. 探访久未联络的亲人和好友。

20. 服务别人：当义工、献血、为好邻居好友照顾孩子一天。

21. 你面对逆境，提升能力的心得……

第三节　超越生命困顿陷阱

【生命导航】

人的一生都在不断地适应和发展。这个适应与发展的过程，实际上是通过调整自己的身心，以便在现实生活环境中维持一种良好而有效的生存状态。这是一个个体生命与环境条件相互作用的过程。在我们的成长过程中，环境条件既可能支持个人的适应与发展，也可能阻碍个人的适应与发展。当环境条件阻碍人的适应与发展时，就有可能给我们的生存、生活带来发展困难。这便是"生命困顿"。超越生命困顿，就可以获得生命成长。

【生命课堂】

一、认识生命困顿：生活中的黑暗泥沼

生命困顿，泛指我们在人生过程中遇到的生活挫折、生命痛苦和人生险境，这可能使我们的生活一团糟，生命无从舒展地健康成长，人生也一事无成，甚至于惹祸遭殃、中断生命。[①]在青少年的成长发展过程中，生命困顿屡见不鲜，主要集中在生命意识的缺失，这之中有直接否定生命、冷漠忽视生命等显性表现，也有诸如自我伤害、校园暴力、虐待动物等极端表现；也有虚度人生、沉溺网络、空心病等慢性、隐性表现。我们试着将其分为否定生命、虚度生命、暴力生命等三种类型。

（一）否定生命：自杀与自我伤害

表面上，自杀、自我伤害是对自我生命意义和价值的直接否定。但我们需要从自杀、自我伤害现象背后去分析内在的机制。心理学认为当人处在紧急状态时，原有的心理平衡状态被打破，继而出现无所适从，导致情感、认知、行为功能的失调而进入的一种失衡状态，也称心理危机。心理危机大致分为四大类：发展性危机、境遇性危机、存在性危机、病理性危机。[②]发展性危机是指在正常成长和发展过程中，急剧的变化或转变所导致的异常反应。如初中升高中的新生适应、临近毕业的社会适应等。境遇性危机是指当出现罕见或超常事件，且个人无法预测和控制时出现的危机。比如突如其来的疫情，家庭变故，车祸或财务的损失，等等。存在性危机是指伴随着重要的人生问题，如关于人生目的、人生

[①] 郑晓江：《生命与死亡》，北京大学出版社，2011，第85页。
[②] 马建青：《大学生心理健康教程》，浙江大学出版社，2012，第279页。

意义、人生责任、独立性、自由和承诺等出现的内部冲突和焦虑，它是最深层的心理危机。病理性危机是指由于某些严重的心理疾病而致的心理危机，如因人格障碍、抑郁症和精神分裂症而引发的心理危机等。从以上四种分类看，人大概率在一生中或多或少都会遇到心理危机，但是走向心理危机的极端形式——自杀、自我伤害，却是一个令人扼腕的结果。

（二）虚度生命：空心病、佛系人生与网络成瘾、游戏成瘾

北京大学心理健康教育与咨询中心前副主任徐凯文博士曾在多次演讲中提出一个概念"价值观病"，后期又演化为"空心病"，泛指价值观缺陷导致的心理障碍，症状为觉得人生毫无意义，对生活感到十分迷茫，不知道自己想要什么。青少年们也常常会有类似的感叹："我不知道我是谁，我不知道我到哪儿去了，我的自我在哪里，我觉得我从来没有来过这个世界，我过去的日子都好像是为别人活着，我不知道自己要成为什么样的人。"[1] 在成长、教育中，他们缺乏自我认知的机会，过着安排好的学习生活，心中缺乏自己真正追逐的目标，徒生出强烈的孤独感、无意义感。

此外，还有一部分青少年正过着看似"无欲无求"的"佛系人生"。大部分事情都按照自己喜欢的方式和节奏去做，失去了对生活的奋进和追求，失去了对困境的超越和抗争。另有一部分坠入网络成瘾的泥沼，对互联网产生强烈的依赖，难以自我解脱。还有一部分游戏成瘾，无节制沉溺；因过度游戏而忽略其他兴趣爱好和日常活动；明知会产生负面后果却仍沉溺于游戏。用罢学"威胁"父母，经常在家发脾气等。更有

---

[1] 人民网：《专访徐凯文：大学生为何频出"心理健康"问题》，http://edu.people.com.cn/n/2013/0124/c1053-20315317.html，访问日期：2013年1月24日。

甚者夜不归宿，在游戏场所数日不眠不休地"战斗"。

（三）暴力生命：霸凌、虐待、冷暴力、"网络暴民"

对他人和自己的生命采取暴力的态度和行为，也是生命困顿中的一个极端现象。清华学生刘海洋伤熊，复旦室友投毒，浙江高校教师虐猫，以及热议的校园霸凌题材电影《少年的你》……都向我们展示了暴力生命的现象。这些无故剥夺其他生命的暴力行为，凸显的是人性的冷漠和残暴。除了显性暴力，还有一种"隐性暴力"，比如对生命漠视，在人际交往中的排挤、谣言讽刺、挖苦歧视，等等，都是对生命权力和尊严的轻视和践踏。此外，还有在网络上"口吐芬芳"的"键盘侠"，用诽谤性、诬蔑性和煽动性的言论、文字、图片、视频，损害他人名誉、权益与精神的"网络暴民"。

二、直面生命困顿：生命中不能承受之重

生命困顿既有社会环境的因素也有教育环境的原因，还有个体的原因。[①]

（一）社会环境：精神家园的失落

信息化时代，现代人正面临前所未有的精神危机。生活节奏加快、竞争压力增大，人际关系日益复杂，多元观念的冲突碰撞，这些都加重了人们的生存危机感，导致了稳定感、安全感的日益缺失一部分群体为求生存，功利化的争名逐利，失去了对生命本真的信仰，陷入了精神迷惘和意义危机。另一部分群体，在相对稳定的物质满足和阶层利益固化的条件下，失去了生命内在的意义感，逐步精神疏离、消耗生命，成为

---

① 王晓刚：《大学生心理健康》，清华大学出版社，2008，第224—230页。

行尸走肉。这些社会外环境，造就的群体性影响，通过家庭、学校、社会的价值观的输出转嫁到青少年身上，形成代际传递。

（二）教育环境：生命教育的缺失

教育的本质是对人生命的尊重，促进人的发展。然而，有些教育却是工具化、物化、异化的教育，偏移了教育的初心。长期以来，学校教育过度重视知识传授、应试升学，而忽视了对学生生命的关怀，是令人惋惜的。除了学校教育，家庭教育作为个体成长的摇篮，作为成长关系最密切的环境，对孩子生命观的形成有着重要的影响。家庭担负培养个体最基本的安全感和稳定感的责任，家庭教养、家庭成员对生命的态度与认知都影响着孩子生命的样态。当雪崩时，没有一片雪花是无辜的。没有一个病孩子的家庭是没有责任的。每一个需要成长的孩子背后都有着需要成长的家长和学校。

（三）个体因素：脆弱迷茫的花朵

青少年生命意识缺失与社会、学校、家庭等因素不无关联，但最直接的影响因素还是个体本身。首先，各项应激源增多是外部影响因素。除了学习压力、人际关系紧张、友谊受挫、遭到误解、身体不好、父母关系紧张等心理冲突或躯体痛苦也会让孩子面临各种形式的危机。如果处理不好，这些生活事件和应激源很容易成为导火索，或者成为"压垮骆驼的最后一根稻草"。其次，生命意识缺乏和心理素质减弱是个体因素之中的内在影响因素。心理断乳时期的精神迷惘、自我认同的危机，让青少年无法正确选择和理解生命存在的意义和价值，在遇到挫折困难时，对巨大的压力既无法克服，也无法逃避，就有可能将这种无力和匮乏所带来的愤怒和攻击指向自己或他人。可能的结果就是自我伤害或者伤害他人。

三、超越生命困顿：点亮智慧的心灯

面对以上难题，我们如何超越生命的困顿，走向生命的成长？我们从探索生命、体验生命、拓展生命三个方面做一些讨论。

（一）探索生命：调整生命认知

树立珍爱生命的意识。生命是价值的本源，没有生命，一切思维和社会活动就无从谈起。这要求青少年既要珍惜自己的生命，也要关爱他人生命、世间万物，以平等、尊重、爱护、关怀的态度对待每个生灵。首先，之于自我生命个体，能够做到不自伤、自残、自杀；保持和维护身心健康；掌握基本的生存技能；拥有较好的心理复原力。其次，像尊重爱护自己的生命一样，尊重他人的生命，怀有悲悯之心，同时爱护自然生命，能与自然、环境和谐相处。

培养对生命过程的正确态度。树立正确生命过程观，实际上是培养人对待生命的一种超然态度，对人生理想信念的追求。人生如戏，每个人都在人生的舞台上扮演自己的角色，从家庭角色到社会角色，演绎或平凡或绚丽的一幕。然而，曲终人散，幕布落下的结局，对每个人都是公平的。对功名利禄的欲望越大，死亡来临时，面对丧失的恐惧就越高。出生与死亡是人生的两端，是无法自己决定的，但我们可以决定如何度过中间的那段有限的生命。在人生旅途中，保持、发挥人的主观能动性，改造主客观世界的信念，无论顺境、逆境，都能坚守原则，宠辱不惊，从容应对，活出精彩。

（二）体验生命：培养生命情感

丰富人生体验。生命情感的发展和生命的认知并不同步。我们对生命的理解，培养生命的情感，是需要从日常生活中的多种生命体验开始的。体验是生命成长不可或缺的独特感受，它可以扩展我们对生命的理解，培养对生命的爱。一个看过大河壮阔的人也能欣赏小溪的潺潺之美；一个在登山、冲浪等与大自然亲密接触的极限运动中感受过人类渺小的人，也许会更好爱惜万物生灵，珍爱自我。参与志愿活动，照顾孤老、扶助弱者，也许更能体会将个人生命融入人际共存关系中的和谐美好。

提升共情能力。共情能力，指的是一种能设身处地体验他人处境，从而达到感受和理解他人情感的能力。共情是人类在漫长进化过程中保留下来的特质，它让我们更好地感受他人，感受痛苦、恐惧，进而理解并用行动实现帮助，最后获得群体的安全和成长。

（三）拓展生命：开发生命潜能

在实践中创造生命价值。树立正确的生命观，增进对生命价值的认知，为的是在实践中增加对生命价值的创造。人们常说"生命无价"，这不仅正是因为生命的不可复刻、不可逆，也因为生命价值拥有无限延展、递增的特性。可以说，整个生命过程就是人发挥主观能动性不断改造客观世界，创造出更高的价值，书写新的精彩历程。实践的过程能够让我们了解、体会自己的生命和他人生命的同等重要和存在的价值。

在逆境中实现生命超越。这里的超越，不仅是超越一己之难，更是超越小我之困。如果说，在逆境中增进抗压抗挫能力，在现实的困境中通过实践，是在超越自我局限，那么克服自私狭隘的"小我之心"利他奉献，求世界大同，则是另一种生命视域的超越。早在1886年，托尔斯泰曾经说过："你想要所有的人都为你活着吗？你想要所有的人爱你超过爱他们自己吗？只有在这样的情况下你的愿望才能得到实现：就是所有的人为了别人的幸福，他们爱别人都超过爱自己。那时你和所有的人

| 第七章　生命境遇：直面生命的挑战 |

都被所有人爱，你也就在这当中得到了你所希望的幸福。"他诠释了人类世界的完美境界，也可以说是人类世界的终极状态：每个人都为别人着想超过为自己着想，每个人不完全为自己的欲望而活着，更多地替别人着想，这样每个人都能获得别人超过对自身的关心，生活在大爱之中。

在困顿中学会向外求助。生命困顿随着人的发展而产生，也会随着人生的发展而变化。当个人的力量无法化解这些困顿时，学会求助是勇气和智慧的选择。在此刻，除了有效调动个人困境处理的经验，还可以试着利用社会支持系统，比如家人、朋友、老师的帮助和指导，社群对于共同困境经验的分享，医院、心理咨询与治疗的机构的专业支持，等等。请记住：在困顿中，不要放弃求助的机会。

【生命阅读】

维克多·弗兰克（1905—1997）是著名的美国临床心理学家，开创了心理学上的意义疗法。他自己本身就是一个活生生的震撼灵魂的奇迹，是从奥斯维辛集中营走出来的生命奇迹。

1905年，弗兰克出生于奥地利的一个犹太家庭，25岁时，他获得维也纳大学医学博士学位。1938年，德国纳粹的铁蹄占领了奥地利，一夜之间，弗兰克从青年才俊沦为阶下囚。关押弗兰克的地方，是大名鼎鼎的奥斯维辛集中营。在那里，弗兰克备受折磨，却始终不曾放弃。1945年，当苏联红军冲进集中营时，弗兰克终于盼来了自由的曙光。出狱后弗兰克才得知，自己的父母、哥哥、妻子全被纳粹扔进了毒气室。听到消息的那一刻，弗兰克万箭穿心，悲痛的洪流几乎快要将他吞没。囹圄三载，劫后余生，他没有颓废，从不抱怨，反而对生命、对他人、对事业、对大自然充满了极大的热爱和热情。他在维也纳担任医科大学教授和首席专家达25年之久；他拥有哈佛大学、斯坦福大学、达拉斯大学、匹兹堡大学等多所大学的教授职位；他先后出版了39部心理学著作，被翻译成34种语言，其中《活出生命的意义》一书10多万字，他只用了9天时间就完成写作，而且销售已超过1200万册，仅英文就印刷了100多版次，被选为"美国最有影响力的十大图书"。他创立的"意义疗法"和"存在主义分析"，被称为继弗洛伊德心理分析、阿德勒个体心理学之后的"第三心理治疗学派"，他在自己的心理疗法中不断强调，要帮助别人通过自我超越来达到人生意义的新高度，他满怀深情地对他的学生说："我生命的意义就在于帮助他人找到他们生命的意义……"

虽然身处集中营，但弗兰克从未停止过思考。弗兰克发现，人生在世，一切都能被剥夺，唯有三样东西不能被剥夺，那就是：尊严、爱和自由。即使在集中营里，一个人只要愿意，他依旧可以拥有尊严、爱和自由。尊严、爱和自由只植根于人的内心深处，任凭是什么势力，都无法夺走人的这三样宝贝。

出狱后的弗兰克重拾心理学专业，并开创了意义疗法。意义疗法认为，苦难本身没有任何意义，但我们要学会从苦难中寻找生命的意义。唯有这样，所受的苦难才没有白受。何为生命的意义呢？简单来说有三点：第一是树立目标，做有意义的事情；第二是心中有爱，懂得关爱他人；第三是面对困难，永不放弃。如果能做到这三点，一个人就没有白来人世一遭，他完全对得起生命赋予的意义。

第七章　生命境遇：直面生命的挑战

○─【生命训练】

准备白纸和笔（一支彩色、一支黑色），在纸的中部，从左至右画一条长长的横线；然后给这条线加上个箭头，让它成为一条有方向的线。在原点处标上 0，在箭头处标上你为自己预计的岁数（要根据你自己的身体状况和你家族的寿命预测）。再画一条纵坐标，它代表生活满意度（原点以上代表生活的快乐程度，原点以下代表悲伤程度）。

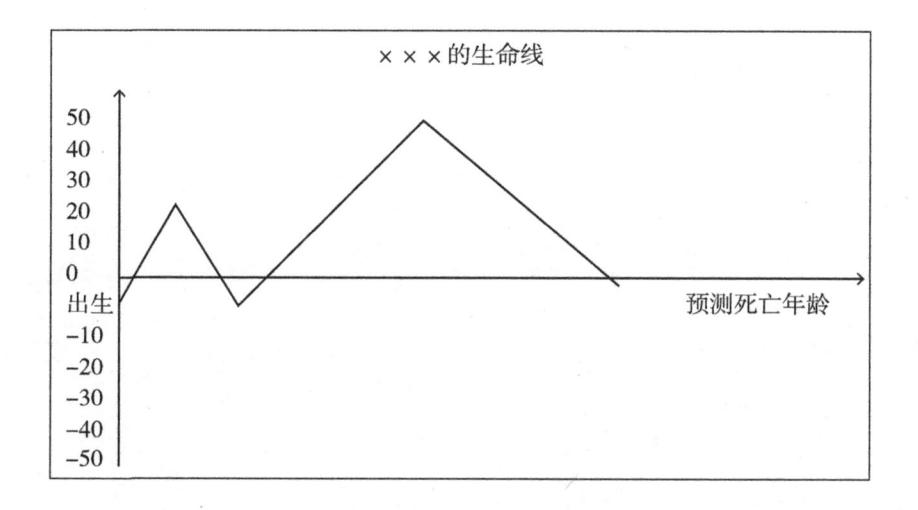

×××的生命线

（纵轴：50 40 30 20 10 0 -10 -20 -30 -40 -50；横轴：出生 → 预测死亡年龄）

1. 请根据你规划的生命长度，找到你目前所在的那个点，标出来。比如说你现在 18 岁，就标出 18 岁的那个点。在这点的左边，代表着过去的岁月，右边，代表着你的未来。

2. 把过去对你有着重大影响的事件用笔标出来。先在线上找出是哪一个点（几岁），再确定是该在上方还是下方的哪个位置标注。

3. 过去的部分完成后，你看一看，数一数，在影响你的重大事件中，位于横线之上的部分多，还是位于横线之下的部分多？上升和陷落的幅度怎样？

然后我们来到未来，即一生的规划，把你一生想干的事，都标出来，你有什么想法就一股脑儿地写出来吧。

　　请你看看你亲手写下的这些事件……和同伴分享快乐，以及你在面对痛苦时采取的应对方法，你有何种智慧的经验？现在再回顾这些困顿艰难，你还会用怎样新的方式方法去应对吗？请不要吝啬你的思考和分享！

第八章　生命衰老：善待生命的果实

生命，从有"存活"的迹象开始，总是朝向生长、成熟、生殖与繁衍的目标发展，任何一种生物体，莫不如此。但很不幸的是，生物体的生命也有老化、死亡的不可逆命运，即使号称万物之灵的人类，也难逃此种"劫数"。人的生老病死是自然规律，从"生"的起点驶向"死"这个必然终点。人生是一场单程的旅行，我们没有办法回头，只是希望旅途少些遗憾，多些快乐。

第一节　生命的生老病死

【生命导航】

在人生的这座天平上，如果一头是"生老病死"，那么另一头请记得放上"生命信仰"的砝码。因为当你把"生老病死"押得过重，生命的平衡必将被打破。我们依然珍爱我们的肉体，但还应追求精神的卓越。支撑我们度过人生漫漫长夜的，是悦纳当下的生活信念；陪我们跨越生命高山峡谷的，是积极进取的奋斗信仰。

【生命课堂】

一、生老病死的生命规律

一只凶猛的狮子，为什么成长到某个阶段，其奔跑、猎兽的求生本能，却一天比一天减退？一只体力充沛的公猴，为什么成长到某个阶段，其驾驭、统治、领导的活力，也一天比一天衰退？一只灵敏的猫头鹰，为什么成长到某个阶段，其视力也一天比一天减弱，并失去捕捉虫、鼠的活力与本能……

它们不是生病，不是即将死亡，而是身体组织已老化，体力、视力、活力等已衰退。老化，就是身体各器官及组织功能的衰退，以及生殖能力、运动能力等逐渐减弱现象。以人类的有机体而言，当一个身心健康的人，成长到了某个阶段，其皮肤呈现粗糙、皱纹、干燥等现象，且视力、听力、记忆力等会逐渐减退，这便是老化的征象。老化其实就是由机体的成熟阶段开始迈向老年阶段的身心变化，或者说是由机体功能的正常状态，逐渐走向衰退的改变过程。

老化从何时开始？10岁、20岁、40岁、60岁？这是一个很难确定的问题，到现在仍无定论。迄今为止，学者间仍然各持己见。有的学者认为，老化与发展一样，从婴儿一出生，即已开始，只是速度缓慢，没有被发觉而已；有的学者认为，老化是从机体成熟后，身心逐渐的改变，以及功能的显著衰退；有的学者更认为老化是从成年期之后，才逐渐显现的身心变化过程。不过，大多数的学者都不愿从年龄上来探讨"老化是从何时开始"的。

老化，简单地说，它是每一个人身心变老的过程。它与老年、老死，虽然同是人生过程自生到死必经的、缓慢的、持续的、不可逆的现象，但是三者之间仍有差别。

老化，呈现在老年阶段之前，它是从一个人的发展早期，或者是成熟期间，或者是成人阶段，就开始迈向身心老化的改变过程。

60岁或65岁以上的高龄，即所谓老年期。处在老年期的老年人，有的身体尚健康，精神尚充沛，心里无挂碍，与年轻人不相上下；但有的身体已衰老，行动已不便，记忆力、视力、听力等已明显衰退，皮肤粗糙、起皱纹，已呈现风烛残年、老态龙钟的模样。所以，老年是由老化演变的结果。

老年之后，一般而言，会体弱多病。甚至有的老人乏人照顾，含恨死亡；有的能活到90岁或100岁高龄，但最后亦难逃老死的命运。老死是生命的终结，是年老之后的生命归宿。老人的死亡是预期中的事。老化—老年—老死，便是人生自始至终的过程，任何人皆不能避免。

二、老龄化社会的生命意涵

从社会学或老年学角度看，一般谓之"老人"，常以65岁作为指标。联合国教科文组织将65岁以上的人界定为"老人"。进一步具体划分，老人又可再分为三老：初老，指65岁至74岁者；中老，75岁至84岁者；老老，85岁以上。

通过分析老年人在全社会人口中所占的比率，又可以将社会存在状态做出特定的社会学区分。老年人口占总人口4%以下者，称为"青年国"，大部分发展中国家均属"青年国"；4%至7%者为"中年国"，多数发达国家位列其中；7%以上者属"老人国"，也称为"高龄化社会"；达到14%时，即为"高龄社会"；至于20%以上，就谓之"超高龄社会"。

中国目前的人口老龄化已经成为一个极为严峻的社会问题。2021年5月11日上午10时，国新办举行新闻发布会，公布第七次全国人口普查主要数据。国家统计局数据显示，全国人口共14.1178亿人。人口普查主要数据显示，0—14岁人口为2.53亿人，占17.95%；15—59岁人口为8.94亿人，占63.35%；60岁及以上人口为2.64亿人，占18.70%，其中，65岁及以上人口为1.91亿人，占13.50%。从老年人所占人口比例来看，我国已经是典型的"老人国"或"高龄社会"。

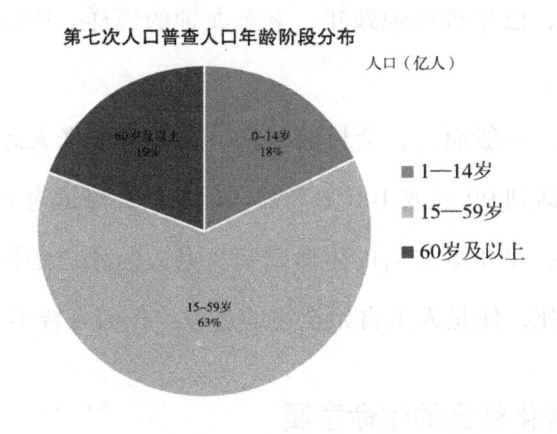

第七次人口普查人口年龄阶段分布

2000年我国就开始步入老龄化社会。20年间，我国的老龄化步伐日益加快，从轻度老龄化迈入中度老龄化。据预测到21世纪中叶，中国老年人人口数将达到巅峰，即4.8亿人。庞大的老龄群体和比例，将对个人家庭甚至整个社会带来巨大的生命影响。生活方式、医疗、养老服务、

| 第八章　生命衰老：善待生命的果实 |

代际之间的生命关系，等等，都将经历考验。因此，不管是个人还是家庭，国家还是社会，都必须要为"老"以及随之而来的"病"和"死"做好充分的准备。

现今，中国老龄化社会有一些鲜明的时代特点，如中国人口多、老年人口发展速度快、家庭小型"4+2"模式的养老压力大、人口流动等原因带来的许多如空巢老人、养老服务需求和供给的矛盾等。这些问题影响着老年人的晚年生活。对此我国积极应对人口老龄化问题，要让亿万老年人拥有安全感、获得感、幸福感。

健全完善养老保障制度和完善老年健康服务体系。我国实施全民参保计划，保障覆盖率进一步扩大，不断提高老年人医疗保障水平，不断提高参加职工医保、城乡居民医保的老年人住院医疗费用报销比例，开通定点医疗机构，尽力解决老年人普遍担心的"看病难、看病贵"问题。老年健康服务体系日益健全，建设了包括预防保健、疾病诊治、康复护理、覆盖城乡的老年健康服务体系。许多地方每年为60岁以上老年人提供1次免费健康体检。老年医疗资源配置变得丰富，如康复医院、护理院、医疗托管服务、综合医院的老年病科。经济发达地区率先实现了医养结合与医保政策有效衔接，让多数患有慢性疾病的老年人的长期护理有了更好的保障。另外还加大了家庭医生签约服务力度，给许多行走不便或失能失智的老年人提供了上门医疗卫生服务。[①]

老年人宜居环境逐步改善。有些城市推进适老住区建设，给老旧多层住宅加装电梯，有效解决了老旧多层住宅中老年人的出行问题。还推进老年人家庭适老化改造，为家庭困难的老年人建设无障碍设施。开展

---

① 《扬州市老龄事业发展报告（2020年）》，《扬州日报》2020年12月15日第8版。

示范性城乡老年友好型社区建设，为老年人修建了许多休闲运动场所并配备了一些活动器材。现以社区居家养老服务为基础，建立了农村区域性养老服务中心、社区居家养老服务站、街道日间照料中心、社区助餐点等养老服务机构，为居家养老的老年人提供更加丰富、精准的服务。有些社区还建立起老年人相互支持和相互照护的人力资源平台及老年服务志愿者队伍。在政务服务、就医保健、交通出行、商业服务、文体休闲等方面，给老年人提供了许多优待服务，如60岁的老年人免费乘坐公交，全免或半价进公园游览等。全国各地每年都会举办各类敬老爱老助老活动，走访慰问老年人数万人，营造了良好的敬老、爱老、助老社会氛围。

虽然国家从制度、政策上保障老年人的基本生活、人身安全，但有些老年人的主观幸福感并不强烈。老年人逐渐衰退的体能和精力使得老年人无法像年轻时充满活力，且世界更迭日新月异，老年人学习新东西的速度变慢，很容易产生消极情绪，加之许多老年人和其子女在精神上的交流比较少，孤独感更强。

2002年4月，世界卫生组织提出了"积极老龄化政策框架"报告，把健康、参与、保障作为应对人口老龄化挑战的具有支柱意义的三项政策。按照三项政策要求，除了要实现健康老龄化，在参与方面，要为老年人参与社会活动创造条件，鼓励他们参与家庭和社区活动，丰富和充实老年生活；在保障方面，既要保障老年人的基本生活和人身安全，也要维护老年人的尊严。实施积极老龄化政策的目的，主要在于延长老年人的寿命预期与生活品质。[①]

[①] 庞凤喜、牛力：《积极老龄化：公共政策选择与公共财政责任研究综述》，《河北大学学报（哲学社会科学版）》2019年第2期。

在我国，就有一些老人在享受天伦之乐的同时，又热心公益，他们用自己的专业知识或生活经验帮助别人，造福社会。他们有的继续从事以前的工作，如杭州的保健医生邓玉珍退休后在社区为附近居民做体检或护理；有的把业余爱好变成了自己的事业，如南京的赵振华老人，从加入中老年模特表演队到比赛斩获大奖，再到培训指导工作，最后成为一名群众演员与大腕搭戏。他们总结自己这一辈子就是"越老越精彩"。"退而不休"并不是为生计奔波，这些老人只是想过有寄托、被尊重、有成就的生活。我们要努力搭建更丰富的老年人精神文化生活平台，奋力实现老年人对美好生活的新期盼。

积极应对人口老龄化是中国的一项长期战略任务，在养老资源人力不足的现实情况下，"智慧养老"正成为未来养老发展的趋势。"'智慧养老'是为老年人提供个性化养老服务，最大限度地满足老年人养老需求，增强老年人在养老和享老过程中的获得感、幸福感和安全感的新型养老模式。"[1]老年人是数字时代明显的"弱势群体"，特别是这场突如其来的新冠肺炎疫情，让很多服务窗口都变成了线上，挂号、乘车、政务、购物……这些对年轻人来说很方便的事情，反而给他们的生活带来了诸多不便。为推动老年人更好适应智能技术、更好融入智慧社会，2020年11月24日，国务院办公厅印发了《关于切实解决老年人运用智能技术困难的实施方案》。一方面，国家政府从顶层设计上，帮助老年人跨越数字鸿沟，保障老年人的生活需求；另一方面，年轻人、子女、亲戚朋友，也应该给老人更多关注和包容，帮助他们适应智能时代，享受"智慧养老"的便利。据了解，在家庭、社区、志愿者、媒体的共同

---

[1] 魏强、吕静：《快速老龄化背景下智慧养老研究》，《河北大学学报（哲学社会科学版）》2021年第1期。

努力下，很多老年人已经会使用智能设备和相关服务软件。比如，通过智能设备，行动不便的老年人利用语音对话的形式，操控灯光以及电视、空调等电器；通过"互联网+"的形式，老年人可预约家政服务、网上购物、网上预约挂号、网上约车；通过互联网等媒介，老年人更多地参与社区活动，满足了交友、交流的精神需求。更多的企业也加入为老年人提供更多智能化适老产品和服务当中，比如智能化的设备——智能手环，可随时传递老年人的健康状况和异常情况。智慧养老内容丰富，既有利于降低老年风险发生率，也有利于丰富老年人的精神生活。

【生命阅读】

生老病死是不可抗的必然过程。四季更替、万物盛衰，这是自然规律，任何想要逆天而行的行为都可能遭到反噬。中国古代有许多人祈求长生不老反而短命，魏晋士人好嗑五石散，此药致幻作用明显，稍有不慎，即性命不保。即便现今科技和医药技术飞速进步，也只能延缓衰老和死亡。"生老病死"乃宇宙大道，有谁能更改，有谁能躲过？在人生漫长的旅途中，衰老与疾病会与我们如影相随。有时我们认为自己还很年轻，衰老离我们还很遥远，有时又忽然觉得死神就在我们跟前。人生无常，世事难料。我们面对未知会感到恐惧害怕，殊不知在善变的世界里唯一可控的是自己的心。意外和明天不知道哪一个先到来，我们唯一能把握的是悦纳当下。

《相约星期二》里主人公莫里回答他的学生："你应该发现你现在生活中的一切美好和真实的东西，我不会羡慕你的人生阶段——因为我也有过这个人生阶段。"时间对每一个人都是公平的，我们

第八章 生命衰老：善待生命的果实

在20岁的时候不会有40岁时候的阅历与感悟。如果永远停在20岁，那我们的生命无疑是单调的。衰老并不一定是衰败，反而意味着成熟。衰老是走向生命终结的仪式，它意味着思考、总结，其中往往迸发出耀眼的智慧火花。人生的每一种滋味都值得细细品味，无论处于生命的哪一个阶段，都是值得感恩的。我们要坦然地接受自然赋予我们的权力，20岁时生得青春焕发，60岁时活得睿智通达。

孔子也说："六十而耳顺，七十而从心所欲不逾矩。"据孔夫子所言，人生的最高境界莫过于此。人到老年，生活阅历的增加让人更清楚自己的内心需求，便能按照内心的指示做事。青壮年时，大多人为俗务奔忙，为安身立命付出大量精力；步入老年，卸下沉重的负担，人间喜怒了然于心，开始用久违的单纯目光打量世界，不再急急忙忙，不再风风火火。所以莫要害怕年老，没准儿年老后还能叹人生圆满、享岁月静好。

【生命训练】

2020年6月5日，国家卫生健康委发布《2019年我国卫生健康事业发展统计公报》发布2019年中国人均寿命是77.3岁。

1. 若以28100天（约77岁）计，自己已用去了多少天，还剩下多少天？
2. 你打算如何度过剩下未知的时间？

第二节 老年人的生命特征

【生命导航】

无论是面对身体衰弱时的无力或应对内心需求时的脆弱与偏执，还是在安度晚年中所做的突破与成长，都在老人这个群体中矛盾地共存着。很多人只看到了表象，却不懂他们的内心。愿我们能读懂他们的生理变化，了解他们的内心需要，欣赏他们的生命追求。

【生命课堂】

一、老年人的生命变化

生命老化，是老年人生命的基本特征。这种变化包括身体外部的改变与身体内部的改变，它是每一个人不可避免的持续发展过程。

（一）老化的身体外部改变

皮肤方面：逐渐粗糙、干枯、起皱纹，像缺乏水分、脂肪似的，已失去光泽及细嫩。

脸部方面：逐渐长黑斑、起皱纹，眼袋、眼尾纹、嘴边笑纹、额头上的额纹……逐渐呈现。

头发方面：头发频频掉落或逐渐呈现秃头，出现稀疏灰白现象，且脸部的双颊或嘴角上下的胡须增多。

牙齿方面：逐渐呈现松动、掉落或腐蚀现象。

身高方面：逐渐减低，呈弓背现象。

体重方面：逐渐增加，且腹部呈凸出现象。

（二）老化的身体内部改变

肌肉方面：肌纤维逐渐萎缩，导致部分肌纤维被结缔组织所取代，促使肌肉硬化，故一旦受伤，复原较慢。

骨骼方面：因钙质的流失，骨骼逐渐变脆，缺少弹性，易受外力损害或折断。

器官方面：身体内部的心脏、肺脏、肾脏、肝脏等器官，因长久的耗损，已逐渐发生故障。

功能方面：脑部的心智能力、记忆能力，已逐渐减退；眼部的视力、耳部的听力，亦逐渐减退；四肢的运动能力，随之减弱。

生殖方面：性能力，由旺盛期逐渐衰退。

血管方面：逐渐失去弹性，并产生硬化。

（三）老化的心理变化

老化，也会带来心理改变的各种征象。尽管每一个个体生命有很大差异，但是一般来说，"老化"会带来"三怕"的心理变化。

怕老：每个人在年幼时，都希望快快长大；可是等到长大成人，开始迈向老化时，却又怕老，这是大多数人的恐惧心态。

怕死：死，是大多数人不愿遭遇、不愿面临的灾难；因为，人一死，什么都没有了，再多的财物也带不走，再多的金钱也买不回逝去的生命。

怕生病：在生命成长的过程中，这生一老一病一死的流程，始终串联在一起，密不可分，显见人有生必有老，有老必有病，有病必有死。

虽说"有老必有病"不是绝对性的必然现象，但不可否认的是当一个人面临老化的困境时，病痛会增多。所以人老了会惧怕生病，害怕生病会夺去自己的生命，害怕生病会花费许多医疗费用，害怕生病会连累家人，害怕生病会降低自己的生活质量、生命质量。

二、老年人的生命反应

俗语说"树老根多，人老话多"，其实这是因为人的记忆力随着年龄的增加而减退。由于记忆减退，故说话重复唠叨，再三叮嘱，总怕别人和自己一样忘事。有些老人看起来和普通老人一样，但他们又和普通老人不一样。他们会一直重复同样的动作和说着我们听不太懂的话语。他们离开家，会突然忘记回家的路和自己家人的名字；刚吃过午饭不久，又说还没吃午饭；他们会时常思绪混乱，突然发脾气和做出激越的行为，这就是丧失记忆和认知的病症——阿尔兹海默症。目前这种疾病找不到发病的具体原因，因发生在老年人群体中，又俗称老年痴呆症。据统计，目前中国阿尔兹海默症患者数居世界第一。伴随世界人口老龄化趋势，阿尔兹海默症的患病率也急剧走高。纪录片《人间世》里一位患阿尔兹海默症老人自嘲为"三等公民"：早晨起来等吃饭，吃完早饭等中饭，中午吃完等晚饭。这种病不仅会损害老人的身体，还剥夺了他们的生活自理能力。

由于短期记忆能力的衰退和思维能力的退化，老年人对新鲜事物的接受能力比较低，学习和理解一项新事物需要更长的时间，对社会和生活环境的适应能力减弱，容易产生自卑情绪。

老年人离退休之后，生活社交圈子变得越来越窄，社会事务的参与度也越来越低，与时代渐渐有了脱节感，因此在精神上会感到孤独和空虚。如果与家人缺少有效的沟通或者家人对老人缺乏耐心和理解，老年人的孤独感更深，甚或被负面情绪控制，动不动便大发雷霆或哭泣。还有些老年人在多年的社会实践中，养成了一定的生活作风和习惯，随着年龄的增长，这些作风和习惯不断受到强化，他们往往容易固执己见，爱倚老卖老。经常听人说"老小孩"，老年人就像小孩一样，有时走路需要我们搀扶，有时发脾气需要我们哄。这不是老人变"坏"了，而是他们变"小"了。因为他们的活动区域变窄了，人际关系圈变小了，关注的东西比较少，相反有些事情和情感就容易被放大。

三、老年人的生命态度

生理上的衰老固然可怕，更可怕的是精神的颓丧和腐朽。老年人的自然生命和社会生命已经把老年人逼到了一条狭窄的小胡同。若再放弃精神的重建，老年人就只能"坐井观天"，精神的颓丧或自我厌弃会加剧自然生命的老去。相反，精神生命的饱满会让自然生命焕发生机，使社会生命受到敬重。

张载诗曰："气力渐衰损，鬓发终以皓。昔为春月华，今为秋日草。"人们常把秋与老联系在一起，老去常悲秋，仿佛秋的衰败才能衬托老境的凄凉。这实在是误解了秋，也误解了"老"。秋不一定意味着衰败，老也不一定是凄凉。"苏轼在《评韩柳诗》中提到'外枯而中膏，似淡而实美'，所谓的'外枯'是说枯树没有美的造型，没有葱郁的枝叶，没有伟岸和高大，但它具有'中膏'的特点，即它的内在是丰满的、充实的、活泼的。正如郁达夫在《故都的秋》里描述的'秋蝉'尽管已是'残声'，但到处都听得见它们的啼唱。它们和蟋蟀、耗子一样，简直像是家家户户都养在家里的家虫。'衰弱的残声'昭示的不是病态和即将死亡,而是遍布大街小巷、千家万户的生命活力。'果树'也是如此,在清秋佳日,硕果挂满枝头,闪耀着生命的成熟和光芒。"[1] 这不正是北宋梅尧臣那句话"老树着花无丑枝"吗?有些树、有些人,栉风沐雨,活得从容笃定。

林语堂先生说:"优雅地老去,也不失为一种美感。"岁月给予我们的,不仅是风尘暗、朱颜改,也是阅历与成熟,还有领悟与智慧。"'见了叶先生之后,才知道什么叫风度,什么叫优雅。很多人说见了叶先生,我们心中的那些美的东西才被唤醒。'这是南开中文系79级学生傅秋爽形容的他的老师叶嘉莹,那时的她已经55岁。很多人当面问叶先生,'你为什么不老?'她答,读诗词使人不老。"[2] 有些美并不因岁月而流逝,反而像酒,藏之愈久,味之越醇。

人生最曼妙的风景是内心的从容与安定。杨绛先生在86岁高龄时痛失爱女钱瑗。一年后,钱钟书又逝世。走到人生的边上,她愈战愈勇,唯愿"死者如生,生者无愧"。她把钱钟书留下的几麻袋天书般的手稿与中外文笔记,多达7万余页,接手过来,陆续整理并出版。年已近90高龄的她开始翻译柏拉图的《斐多篇》,后来陆续交出了散文集《我们仨》《走到人生边上》,长篇小说《洗澡之后》。这位百岁老人的意志和精力,让所有人惊叹!这是杨绛一贯身心修养的成果。她生活自律,内心淡泊安宁。她的一生曾遭遇许多磨难,但都温婉应对。年老后更是隐于世事喧哗之外,陶陶然专心治学。她借翻译英国诗人兰德那首著名的诗,写下自己无声的心语:"我和谁都不争,和谁争我都不屑;我爱大自然,

---

[1] 金灵芝、韩光明、樊世春:《外枯而中膏 似淡而实美——试论苏轼的"枯淡论"》,《伊犁教育学院学报》2003年第4期。

[2] 冰点周刊编《人间值得:14位大先生的人生解答书》,东方出版中心,2020,第31页。

其次就是艺术；我双手烤着生命之火取暖；火萎了，我也准备走了。"把磨难变为享受，把痛苦淬炼为智慧，这种淡泊安宁的心态是精神对物质的胜利，是优雅老去的秘诀，也是人生的哲学。

李商隐的诗"夕阳无限好，只是近黄昏"，从古至今，人们多数认为此句的意思是晚景虽好，可惜维持不了多少时间，这其中道出了多少老人的无奈和惋惜之情。而今人周汝昌认为这两句"正是诗人的一腔热爱生活，执着人间，坚持理想而心光不灭的一种深情苦志"。因为夕阳最美丽的那个时刻，便是在最接近黄昏的时刻。同样的十个字，心境不一样，解读完全不同。突然记起了《天唱》里一句歌词："最后的晚霞和最初的晨曦一样，都是太阳的辉煌。"

四、老年人的生命任务

在很多社会中，老年人群被认为是社会智慧的化身。步入老龄势必要经历一系列的生理、心理和社会的变化，但是大多数的老年人仍然精力充沛，生活充实而幸福。

老年阶段不是一个停滞的阶段，老年人群也不是一个苍白单一的群体。有研究发现，老年人并不在意年老本身的意义，他们关注的是在老年阶段自我生命的意义。所以，核心问题是老年人如何保持延续感和信念，来帮助他们应对生命的转折。

著名心理学家艾里克·埃里克森将人的一生从婴儿期到老年期分为八个阶段。每一个阶段都存在自我认知、人生目标、与他人关系方面的危机。每一阶段的发展任务就是去成功解决这个危机，然后人们才能向下一成熟阶段前进。

第八阶段被称作"成熟期"或者"老年期"。人生最后一个阶段的任务应当是实现圆满——坚信自己的一生是有意义和价值的，是有所贡献的。人们回头审视自己的一生时发现，他或她打了一场漂亮仗，完成了所有任务，体会到一种圆满感。埃里克森的八个阶段完成后会带来良好的自我意识，让渐趋死亡的人在面对死亡或生活中的其他挑战时拥有自信。因为当人实现了圆满，他们看待自己的过往就会更加宽容，会满意他们所度过的一生。心怀圆满，一个人就应该到达死亡过程中的接受阶段，他会对自己很有把握。由此而言，老年人的生命发展任务，应该是进一步的自我完善而不是自我厌恶，是实现自我意义而不是放弃自我，是实现身心和谐而不是消极等死。

换言之，老年人最根本的发展任务，是通过生命回顾，接受过去，实现内在意识的整体性。在这种内在提高的过程中，过去的经历会不经意地被提升到意识层面上，被人不断反思和评估，也许还会被重新解读和整合。通过这种自觉的生命回顾，目的是解决旧有的纠结，从而达到一个新的境界，这个境界既是对过往的总结也是对死亡的准备。如果这个过程进行得很顺利的话，那么老年人会变得非常智慧；反之，人们会对过去的生活不满，而现有的精力和时间又不允许他做新的改变来弥补过失，从而让人绝望。

在现代社会，撰写回忆录其实就是老人连根、传家的重要方式。老人写回忆录，就是在想自己的爸爸，想自己的妈妈，想自己的爷爷。想谁就跟谁联上了，就把自己的根联上了。人只要一联上根，精神状态马上就不一样了。联根养根的时候，生命能量马上就恢复了。老人跟自己的孩子在一起，天天是老人；老人跟他自己的爸爸妈妈在一起，他就是孩子。天天想自己的爸爸妈妈的时候，自己的角色就成为孩子，一下子精神状态就恢复到孩子状态了。

跟祖宗联上根以后，孝亲敬祖的意识自然在燃烧。跟蜡烛一样，蜡烛点燃了，不管它，自然就燃烧了。所以，老人把传家之志点燃，去做传家的事，这是老人最大的生命任务，也应该是老人最大的志向。

五、规划好人生的最后时光

生老病死是自然规律，当人老了之后，往往开始回避死亡，忌讳谈论死亡，内心对死亡充满恐惧。但死亡如同生存，是不可回避的，每个人都将面对。对死亡的认识和理解，就是对生命的珍视。早在半个世纪前，西方国家就已经开展死亡教育，以此提高人们在非常情况下对情绪的控制。我们也要提倡死亡教育，鼓励老人及其家属积极认识死亡。

首先不要回避，认清死亡是一种自然现象，任何生物都有一定的生存期限，具有自身的规律和科学性，回避死亡并不能阻止死亡的发生。其次，学习关于死亡的相关知识，提倡优生、优死的健康理念。当老人因年事日益增高或者面临疾病困扰时，要通过学习进而认识死亡，积极、乐观面对死亡，与家人和谐相处，不要把痛苦和悲伤留给亲人。最后要规划好人生的最后一段时光。要让老人规划自己的生活，提前处理个人事务，避免遗留财产纠纷，以一种坦然的心态面对死亡而没有遗憾。

这其中，最后一条尤为重要。中国人比较忌讳谈论死亡，很多老人被瞒着走完人生最后一段旅程，没能够选择和规划好临终前的生活。因此，在老人临终前，家属应告知老人实情，让老人有时间、有准备地面对即将离世的事实，理智看待疾病和死亡。只有这样，老人才能在有限的时间里认真思考，进而安排自己的相关事宜。

临终老人应确定自己有无遗憾的事，比如，有没有自己想做而未做的事，有没有想对家人说的话，财产是否得到妥善安置，还想和哪些人见面等。针对心存遗憾的事情，尽可能去妥善解决。现在，因财产问题引发的家庭纠纷越来越多，老人一定要把处置财产当作一件重要的事，在世时就规划好，不要因为财物而伤了儿女间的感情。提早规划好最后的时光，不但可以让自己坦然面对死亡，也能提醒自己好好享受人生，劝慰家人少一些悲痛，珍视生活。总而言之，老人在临终前应该做的事就是理智面对生死，规划生前身后事，认清活着的意义。

【生命阅读】

谁解老人心？他们真的怕被这个世界遗忘（节选）[①]

记者：贾方方

人越老越怕孤单，越怕被抛弃，也越需要有人陪。这种陪伴的满足很大程度上来源于老伴儿，正所谓"少年夫妻老来伴"。

老奶奶中风卧床，老爷爷一直伺候着。后来，老奶奶病情恶化离世。大家都替老爷爷松了口气，觉得他终于可以整理下生活，重新开始了。没想到，老爷爷随即大病了一场。大家想不明白为什么会这样，直到有志愿者对老爷爷进行心理疏导，才知道个中缘由。老爷爷说，虽然以前照顾老伴儿很累，但忙得有目的。虽然她不能说话，但只要她在，哪怕只是躺着喘气，他都不感觉孤单。可如今，她走了，情感没了联结，生活没了寄托，他也就扛不住了。

事实上，丧偶会大大加重老人的孤独感，而这一点在男性身上

---

① 载《婚姻与家庭（婚姻情感版）》2019年12期。

第八章 生命衰老：善待生命的果实

表现得尤为明显。同样是遭遇丧偶，老头儿会更脆弱，身体和精神状态往往急剧恶化，急于寻找新伴侣，而老太太大多能平稳度过，甚至可以独居到老。

为什么差异会如此之大呢？一来，男性不如女性善于表达，情绪出口少。很多老头儿退休后的社交就局限在家里，但老太太在外面有活动、有姐妹，哪怕跟不认识的人也能聊一两个小时。二来，年轻时男性参与家庭生活少，年纪大了还想别人都听自己的，和子女冲突较多。此外，女性通常扮演照料者的角色，而男性则是被照料者，依赖性更强。所以，老头儿需要多发展兴趣爱好，多参与社交活动，多寻找一些心理保护和自我实现。

除了伴侣，孩子的陪伴也至关重要。老杨退休后，身体大不如前，他的床有一多半的空间都用来放药了。可是，让儿女们纳闷的是，每次去医院检查，都查不出什么问题。他们怀疑老杨是不是精神出了问题。朋友建议先看看心理医生，儿女们这才发现，老杨得的是心病。原来，老伴儿过世后，老杨想过和儿女住在一起，但没能如愿。儿女们有自己的空间，而他也不适应大城市的生活。最后，儿女们雇了保姆，但老杨不习惯，没多久就辞退了，只能一个人独自生活。儿女们倒也孝顺，虽然不能时常来看望，但吃穿用度从不吝啬。别人觉得老杨可算享清福了，老杨却一点儿也不开心。他不看重吃香的喝辣的，只想有个人陪，哪怕一起说说话聊聊天都行。可是，他知道孩子们忙，没时间，只能一个人看着全家福默默流泪。有一次，老杨不小心摔倒了，儿女们立刻赶回了家。看到儿孙绕膝，老杨心里乐开了花，康复得也特别快。然而，他的病一好，儿女们就都走了，孤独感再次来袭。打这之后，老杨就开始多病起来，胃疼、头疼、四肢无力,无精打采……只要一生病,儿女们就轮流请假带他去看病。如果病得严重,几个儿女都会回来。虽然查不出什么,但老杨都坚持让医生开很多药,想以此证明自己没有撒谎。但其实什么药都不用,只要儿女回来,老杨的病就好了。老人就像小孩一样,会通过出一些状况来吸引儿女的关注。老杨是故意装病,也有很多老人是真的生病,最常见的就是肠胃不舒服。因为相对于年轻人,老人的心病更容易躯体化。想要解决这个问题,子女和老人住在一起当然最好,但挑战也是巨大的。更具操作性的是增加日常性的关怀,多探望、多联系,让老人感觉到爱的联结。还可以定期带老人出去旅游或组织全家聚会,适当地给他"充充电",让他有足够的能量抵御孤独。

【生命训练】

1. 请你面对自己的父母,给他们画一幅肖像画;再想象30年后他们的样子,再给他们画一幅画。

2. 请你采访一下家中的老人,为他(她)写一份人物小传。

3. 请描绘一下你未来的老年生活图景。

4. 请你为家里的老人设计一份旅游攻略。

第三节　尊长孝亲与陪伴老人

【生命导航】

百善孝为先，自古以来，我们就把孝道视为美德之首、立身之本、齐家之宝、治国之道。孝为何能在中国传统文化中承担重任，又如何在新时代发挥作用呢？

【生命课堂】

一、孝道是中华文化的优秀传统

中国是世界上四大文明古国之一，属礼仪之邦。尊老、爱老、敬老是中华民族的传统美德，是中华民族源远流长的优秀传统文化。

那什么是"孝"呢？"孝，善事父母者。从老省，从子；子承老也。"这是《说文解字》对孝的阐述，讲的是老人与子女的关系。"子承老"，"承者，奉也，受也。"是说每个人的生命都是从父母那里诞生出来的，然后不断接受父母的养育，长大成人；成人后应该侍奉父母，报答父母的养育之恩。

为什么中国自古以来都非常重视尊长孝亲？孔子为传统孝道的合理性找到了人性的根基，解决了孝道存在的哲学前提——仁。孝，是仁爱的一种。奉养父母是子女对父母的最基本义务，是基于人的报恩观念而产生的，这只是最初层次的孝。重要的是子女对父母还要有敬爱之心。孔子曰："今之孝者，是谓能养。至于犬马，皆能有养，不敬，何以别乎？"（《论语·为政》）没有发自内心的真挚的爱和敬，就谈不上对父母孝敬，与饲养犬马没有什么两样。亲子关系是一切人际关系中最自然、最亲密的人际关系。一个人连给予自己生命的父母都不爱不敬，怎么会有健全的人格，又怎么能生发对他人、社会、国家的爱呢？

在古人看来，一切人际关系均是基于孝而发生的。兄弟关系也是因为双方均是父母所生，我们敬重父母，也应该敬重由父母所创造的生命。师生关系是精神关系，老师是精神生命之所出，因而古人说"一日为师，终身为父。"朋友关系由精神或文化关系而生，曾子曰："君子以文会友，以友辅仁。"（《论语·颜渊》）借朋友之力来充实精神生命或文化生命，友道实为师道的扩大。由此看出，孝是中国文化向人际与社会横向延伸的根据与出发点，是贯穿天、地、人、己、子、孙的纵向链条。如果将对父母之敬爱，对兄长之尊重精神推及于人，就会"老吾老以及人之老，幼吾幼以及人之幼"。如此不仅家庭和睦，而且社会和谐、国家稳定。孔子认为"夫孝，始于事亲，中于事君，终于立身"。（《孝经》）孝的最高层次应该是立身行道。立身就是修身立业而有为于社会，处世为人而明大德、行正道，以此彰显父母教诲有方。木兰替父从军，岳飞敬师孝母，白居易孝亲敬老。从这些历史典故中，我们领悟到秉承孝行的可贵和可敬的精神。

二、传统孝道的现代意义

"人口老龄化与工业化、城镇化、市场化以及家庭急剧小型化相交织，

第八章 生命衰老：善待生命的果实

动摇了传统文化赖以存在的基础，调节代际关系的传统孝道文化受到前所未有的挑战，以老年人为本位的孝道文化逐步衰落，而以青年崇拜为指向的青春文化逐步占据强势地位。"[1] 老而无养，养而不敬的现象屡见不鲜。不少子女在老人还有一点利用价值时，一味索要，无度"啃老"。曾经风光无限的传统孝道，只是靠着历史的惯性而跟跄而行。难道传统孝道文化已经过时了吗？

孝文化，永远都不会过时。孝乃人伦之始、众德之本，千百年来，孝深深地融入中华民族的血液中。现代社会，家庭依然是社会的基本单位，子女同父母之间结成的关系是所有社会关系中最为密切的关系。孩子除了在父母那里获取自身生理、心理需要外，还从观察父母的言行中认识世界，从而形成有关人类社会的最初印象。因此孝是家庭道德的出发点，也是培养社会道德的生长点。作为普通人，孝敬父母，是反哺之孝，是天经地义之事；孝敬公婆，是亲情之孝，是兴家为媳之道；孝敬他人，是社会大孝，是立德行善之举。孝不仅仅是个人的道德行为，也是人应对社会承担的一份责任。孝，是做人的根本；孝是社会文明的一个标尺。

自古"忠孝不能两全"，而李密选择了先尽"孝"再尽"忠"，这难能可贵。虽然许多人都懂得"子欲养而亲不待"的道理，但又有多少人为了蝇头小利、蜗角虚名而把老人独自扔下。试问一个不懂得"孝亲"的人何以能"安家"，何以能"忠国"。"孝"是"小忠"，"忠"为"大孝"。现在很多家长认为，只要孩子学习好，其他的都是次要的。在教育大踏步向前，科技飞速发展的同时，也培养出了许多有才无德的问题

---

[1] 郁琴芳：《与时俱进，传承"孝亲敬老"文化》，《上海教育》2017年第10期。

青年。大学生犯罪率逐年增长，殴打父母者有之，弑父害母者有之，杀亲灭友者有之。社会无论发展到什么样的阶段，我们都不能丢掉中华优秀传统孝文化！习近平总书记指出："我们要坚持道路自信、理论自信、制度自信，最根本的还有一个文化自信。"以孝敬美德为灵魂和核心的中华优秀传统孝文化，是我们应持守的"文化自信"。

三、尊长孝亲的社会风尚

我国政府于1989年将农历九月初九正式定为"中国老人节""敬老节"。从"登高节"到"敬老节"，其文化意义没有与传统断裂。"九"在数字中又是最大最尊，传统以登高避祸为中心的重阳节，本来就有祈祝长寿的内涵。面对老龄化社会，我们通过节日文化倡导敬老的社会氛围时，还应思考如何才能做到对老人的真正关爱，为老人营造更幸福的晚年生活。

（一）敬老应从心开始，助老要从家做起

我们不需要做得更好，只需要做得更多、更细，要想老人之所想，急老人之所需，哪怕是我们一声真情的问候、一次真心的谈心，或者深冬给老人添衣、给老人洗一次脚、给老人梳一次头，等等，都会给老人送去一分温暖，带去一分喜悦，添加一分笑靥。孝道没有统一的模式，合适就好。对贫穷的父母钱到为孝，对病弱的父母出力为孝，对孤单的父母相伴为孝，对脾气大的父母理解为孝，对唠叨的父母聆听为孝……如能让父母如愿，就是至孝。

（二）学校落实"孝亲敬老"教育，促进老少共融

通过讲讲孝道小故事，学学助老小本事，引导中小学生增强敬老、爱老、助老意识；通过小学生在家庭尊敬祖辈的小行动、中学生进社区

为老服务的志愿活动，引导广大学生在家庭和社会生活中关注老人、关心老人、关爱老人，将敬老爱老助老的传统美德化为实际行动。

（三）发展敬老养老事业，形成尊老敬老好风尚

加快养老事业和产业发展，既是民生工程，更是民心工程，让所有老人都能够老有所养、老有所乐。我国正积极探索和构建多元化养老模式，引导和鼓励养老产业健康发展，研发和推广老年智能产品，加强和推进老年环境适老化、智能化建设，拓展和深化养老服务领域。我们欣喜地看到敬老爱老的社会价值正在成为主流，开枝散叶，孝亲敬老必将蔚然成风。

人都会慢慢变老，趁还能孝顺父母之时，尽心尽力吧！关爱今天的老人，就是关爱明天的自己。给老人多一分关爱，多一分温暖，就是给我们的未来多一分榜样，多一分保障。

【生命阅读】

孝心无价

作者：毕淑敏

我不喜欢一个苦孩子求学的故事。家庭十分困难，父亲逝去，弟妹嗷嗷待哺，可他大学毕业后，还要坚持读研究生，母亲只有去卖血……我以为那是一个自私的学子。求学的路很漫长，一生一世的事业，何必太在意几年蹉跎？况且这时间的分分秒秒都苦涩无比，需用母亲的鲜血灌溉！一个连母亲都无法挚爱的人，还能指望他会爱谁？把自己的利益放在至高无上位置的人，怎能成为为人类奉献

的大师？

我也不喜欢父母重病在床，断然离去的游子，无论你有多少理由。地球离了谁都照样转动，不必将个人的力量夸大到不可思议的程度。在一位老人行将就木的时候，将他对人世间最后期冀的希望斩断，以绝望之心在寂寞中远行，那是对生命的大不敬。

我相信每个赤诚忠厚的孩子，都曾在心底向父母许下"孝"的宏愿，相信来日方长，相信水到渠成，相信自己必有功成名就衣锦还乡的那一天，可以从容尽孝。可惜人们忘了，忘了时间的残酷，忘了人生的短暂，忘了世上有永远无法报答的恩情，忘了生命本身有不堪一击的脆弱。

父母走了，带着对我们深深的挂念。父母走了，遗留给我们永无偿还的心情。你就永远无以言孝。

有一些事情，当我们年轻的时候，无法懂得。当我们懂得的时候，已不再年轻。世上有些东西可以弥补，有些东西永无弥补……

"孝"是稍纵即逝的眷念，"孝"是无法重现的幸福。"孝"是一失足成千古恨的往事，"孝"是生命与生命交接处的链条，一旦断裂，永无连接。赶快为你的父母尽一份孝心。也许是一处豪宅，也许是一片砖瓦；也许是大洋彼岸的一只鸿雁，也许是近在咫尺的一个口信；也许是一顶纯黑的博士帽，也许是作业簿上的一个红五分；也许是一桌山珍海味，也许是一个野果、一朵小花；也许是花团锦簇的盛世华衣，也许是一双洁净的旧鞋；也许是数亿万计的金钱，也许只是含着体温的一枚硬币……但"孝"的天平上，它们等值。

只是，天下的儿女们，一定要抓紧啊！趁我们父母健在的光阴。

【生命训练】

1. 写孝心

请写出一句有关"孝亲敬老"的经典名言名句。

2. 明孝义

传统的"孝",《弟子规》中有"父母命,行勿懒""父母责,须顺承",比较强调顺从父母、长幼有序。而新时代,"孝顺观"有了新的含义,例如,强调平等、尊重。对此,你是怎么看待"孝"的?说一说你的看法。

3. 践孝行

请你以"孝亲敬老"为主题,设计两项活动。

第九章　生命死亡：接受生命的自然

生命结束，走向死亡，这是人类无法逆转的自然法则。任何生命自出生之日起，就在不断地向死亡这个终点迈进，死亡是所有生命共同的归宿，也是人类无法回避的自然宿命。

不愿意面对死亡，对死亡感到害怕、恐惧，想方设法回避、逃离死亡，这是人之常情，自古以来，死亡就是一件令人难以应对、让人害怕的事情。然而，害怕死亡、回避死亡、不愿意面对死亡，这并不能改变死亡必然到来的命运。人只有克服困难，直面死亡，我们才能超越对死亡的恐惧。

由于现代科技与医疗条件的进步，人类死亡在当今社会开始遇到一些新的变化，也碰到了一些始料未及的问题，死亡过程的延长，使得人们对死亡的恐惧成倍地增长。如何在现代社会坦然面对死亡，安详离世，这需要承认死亡是生命的一部分，学会接受死亡，并在死亡到来之前，提前做好准备，学会与身边的亲朋好友挥手告别，作别人世，从而走向圆满的人生。

第一节 死亡是生命的归宿

【生命导航】

"死亡是宇宙秩序的一部分,是世界生命的一部分。"①——蒙田

任何生命都有死亡,就像任何事物都有生成毁灭一样,人世间没有什么具体的事物是一成不变、只有生成而没有毁灭的。世间万物生成变化是常态,而不变的坚守则是人类一种可贵的价值理想。

【生命课堂】

一、事物的生成、毁灭

事物的生成、毁灭是一种自然现象。物理学的熵增定律,也就是热力学第二定律告诉我们:宇宙中的能量只能从可利用向不可利用、从有序向无序、从有效向无效转化,世界上现存的所有事物都在向能量耗散、濒临消亡的方向转化,而且,这个趋势不可逆转。我们看到的自然景象,当春天来临,万物始生,自然生命开始萌动生长,春意盎然,花红柳绿,这是自然界生机的象征。到了秋冬季节,生命开始成熟,瓜熟蒂落,秋

---

① [法]蒙田:《蒙田随笔全集》,潘丽珍等译,译林出版社,1996。

第九章　生命死亡：接受生命的自然

风扫落叶，自然界一片萧瑟肃杀，原来的自然万物开始走向终点，生意盎然已隐而不彰。从自然界生命的成长，到生命的成熟，最终生命走向毁灭，这种现象随处可见。这是自然界的基本规律，也是人类肉眼可见的常识。世间万物生成毁灭，本属正常的自然过程，由于人类具有了自我意识，因而这种毁灭似乎违背了人性中那一点"愿其生、不忍其死"的恻隐之心，死亡就不再被简单地当成是一种自然现象，而变成一种跟人类社会与人类文明息息相关的文化现象。人是一种文化的产物，没有文化的自然人，它的死亡大概不是一个重要的问题，就像花开花落一样，只是一个自然现象。

自然界事物的生成毁灭，虽然与人类有重大关联，它也是人类领悟世间万物生死交替的重要机会，但是，人类社会的发展变化，新旧更替，历史变迁，或许离人类生活更近，对人的触动也更多。至少，我们从人类的历史记载中可以知道，历史上的每个人都已经不在人世，他们所生活的时代、国家、朝代、社会都已经离我们远去。这种不断远去的历史人物都变成了今天我们所说的古人、前人，他们生活的年代和社会也成为人们记忆中的样子，他们生活于其中的社会也已经消失在历史时空中。人类社会正如自然社会一样，它也在经历着生成和毁灭的过程。一些历史上曾经闻名于世的人类文明消失了，一些曾经煊赫一时的大帝国、大朝代也进入了历史的尘埃。人类社会自出现之日起，就一直在经历着新陈代谢，生成毁灭也在不断地交替进行着。中国古代的许多诗人，他们在面对世事变迁、历史兴替时，常常会发出一些令人感同身受的感慨，比如唐朝诗人崔涂写过《过洛阳故城》："三十世皇都，萧条是霸图。片墙看破尽，遗迹渐应无。野径通荒苑，高槐映远衢。独吟人不问，清冷自鸣呜。"曾经煊赫一时的皇城，在崔涂的时代却已经人烟荒芜，清冷凄凉。这种情形令诗人伤怀。实际上，任何社会的变迁，从兴盛到衰败，总难免让人感到伤感，曾经的人世繁华、辉煌卓著，如今却一去不返，这着实令人感到伤感，因为每个人的生命大概也是如此。同样一座洛阳城，唐代的诗人看到它的破败而黯然伤神，宋代的诗人依然对此感到难以释怀，北宋史学家司马光的同名诗词《过洛阳故城》有云：

> 四合连山缭绕青，三川滉漾素波明。
> 春风不识兴亡意，草色年年满故城。
> 烟愁雨啸黍华生，宫阙簪裳旧帝京。
> 若问古今兴废事，请君只看洛阳城。

历史的兴替，社会的变迁，总是因为毁灭和终结而显得伤感，人们总是禁不住地思量：为何这些伟大的时代和国家最终都不可挽回地走向了终点？为什么历史上人们期待的千秋万世却总是在山呼万岁的口号声中消失殆尽？难道人类社会的某种形态就不可以一直持续下去，而与自然界分隔开来？事实上，诗人的伤感和人类的希望都没法阻止历史一往无前的脚步，人类社会的生成和毁灭依然在大踏步地向前，不断留下嘘唏伤感的人们……

二、人类生命的自然死亡

人类社会的兴衰更替，是无数生命前赴后继地奔向死亡的过程。人类生命的死亡既是一种生物成长和终结的自然现象，也是一种有意识的文化现象，生死是每个人一生的头等大事。

死亡是自然生命的终点，也是自然界所有生物都必然奔赴的终点。

第九章　生命死亡：接受生命的自然

老子说"天地不仁，以万物为刍狗"，世间万物，包括人类生命，都必须经历死亡，走向死亡，死亡是自然生命无法绕过的目的地。因而，自然死亡，也就是每个人走过生命的所有阶段，最后衰老而走向死亡的过程，曾经被认为是天经地义的事情。然而，这种情况在今天发生了变化，人类自然死亡似乎不再被主流社会接受，现代医学医治无效似乎成了当今人类死亡最主要的原因。在这种观念之下，对抗死亡成了医学与医生的神圣使命，把人们从死神手中抢夺过来成了医学的唯一追求，自然死亡、无疾而终，似乎会使医生显得无能，使医学显得没有价值。在医院的死亡通知单上，自然死亡这个原因似乎令人难以置信，它成了医生们不太愿意填写的项目。今天的人类自负地以为，我们的医学已经强大到足以对抗死亡，进而认为：只有无法医治的疾病才有资格夺走人类的生命。这种信念试图把一切死亡原因都归咎为疾病——无法医治的疾病，人们似乎忘了，死亡其实是人类自然生命始终无法逃避的命运。人类虽然可以通过医学，帮助人们延长生命期限，但是无论如何，生命的大限是当今医学无法改变的局面。不承认人的自然死亡正在把人类逼到墙角：如果现代医学还有许多无法医治的疾病，这就说明医学不能完全阻止疾病夺走人的生命，也就是说现代医学无法消灭死亡，那么，这是否意味着现代医学的失败呢？人类在对抗疾病的过程中，是否误解了人的自然死亡呢？换言之，自然死亡为什么一定是不正常的呢？人类只能由疾病导致死亡的看法，严重扭曲了死亡的自然本性。在《扁鹊见蔡桓公》一文中，蔡桓公说"医之好治不病以为功"，这虽然有讳疾忌医的问题，但是，蔡桓公说出了一个真相，在医生看来，似乎所有人都是有病的，疾病成了他们眼中唯一的现象——死亡从根本上说可能是一种不正常的疾病。因此，自然死亡不能被忍受。可是，人类生命与其他生物一样会走向死亡，这本身是一种正常的现象，人的生老病死也是自然过程。人类自然死亡不能被当成是一种无法忍受的事情，我们要承认自然死亡也是人类生命终结的方式之一。疾病和意外会导致死亡，自然老死也是人的一种死亡方式，这种死亡方式在当今社会需要重新得到认可，承认自然死亡是人类正常看待死亡的开始。

不承认自然死亡，在医疗条件低下、生存条件恶劣、生命周期较短的时代是难以想象的，正是因为当今世界人类的寿命大大延长，医疗条件和生活质量得到较大改善后，疾病对人类生命的威胁得到一定控制后，人们才开始一厢情愿地认为，自然死亡将不再威胁我们，人类死亡将成为一件可控的事情。事实上，这种想法忽视了一个基本事实：即便人类寿命和生活大大改观了，但是死亡仍然在每个人可以看到的地方夺走了依旧健康之人的性命，死亡在现代医疗条件的抗拒下仍然在大踏步地向我们走过来。

对每一个个体而言，死亡是我们人生的一部分，谁也无法摆脱它。从我们的所见所闻来看，死亡在我们的日常生活中虽然被隐蔽和包裹起来，但是，它并没有离我们远去，而是作为我们人生的一部分，陪伴在我们身旁。《西藏生死书》[①]中讲述了一个故事，据说佛祖在世时，一位失去了孩子的母亲前来向他求助，这位可怜的妇人悲痛欲绝，她诚心祈求佛祖，让她救活自己的孩子。佛祖听了以后，答应帮助这位伤心欲绝的母亲，但是，她要这个母亲同时答应他一个条件，这个条件就是：她去寻找一个家庭，一个没有亲人去世的家庭，只要她找到了这样的家庭，他就可以救活她的孩子。这个伤心的妇人，一个一个家庭打听，她

---

① 索甲仁波切：《西藏生死书》，郑振煌译，浙江大学出版社，2011，第34—35页。

寻遍了她生活的所有区域，当她问谁家没有亲人去世时，她得到的答案都是一样的：每个家庭都有亲人去世，没有任何一个家庭满足佛祖所说的要求。最后，她明白了佛祖的用意，原来死亡是件普遍的事情，所有家庭人都有亲人去世，天底下所有人都会死去，亲人的离开是必然的事情，死亡是不可逆转的事情。爱生恶死，几乎是人天生的本性，死亡经常被人们当成了"房间里的大象"，虽然它显眼地存在，它也是我们人生的一部分，但是，人们习惯性地忽视和回避它，或者在心理上和时间上把它推向遥远的未来。人们总是想当然地以为，死亡是老年人的事情，或者得了绝症才有的事情，死亡大概跟年轻人无关；更有甚者认为，死亡只是张三、李四、王五的事情，它大概跟自己无关。君不见，英年早逝者，意外身亡者，出生就夭折者，胎死腹中者，诸如此类，数不胜数。那些自以为可以长命百岁、万寿无疆的人，可能转眼间就中途崩殂，离奇丧命了……死亡从来就不是受人摆布的角色，它是人生的无形主宰，也是人类正常生命的一部分。

第二节　死亡恐惧与生命自觉

【生命导航】

害怕死亡是人类正常的情绪反应，恐惧死亡并不是件丢人的事情，哲学家卢梭说："如果不害怕死亡，恐怕人类早就灭亡了。"文化人类学家贝克尔甚至认为，抗拒死亡、拒斥死亡正是人类文化

217

发展和兴盛的推动力量。对死亡的恐惧正是人类走向生命自觉和成熟的开始，死亡恐惧也是人类思考人生价值和人生意义的重要契机。

【生命课堂】

一、回避死亡现象

正是由于人类害怕死亡，因此，为了避免被死亡恐惧的巨大能量灼伤，回避死亡，把死亡自觉地屏蔽起来就成了最便捷、最省心的应对方式。

死亡禁忌，在人们的日常生活中几乎随处可见，成年人不随意谈论死亡，在家庭中不许提及死亡，在医院里医生不跟危重病人告知即将死亡的真相，死亡成了人们口中不乐意提到和不愿意谈论的词语，与死亡相关的一切似乎都是不吉利的、不正常的、可怕的。死亡禁忌在人类历史上一直存在，在现代社会中，死亡禁忌仍然不绝如缕。记得有一位殡葬业的朋友告诉我：有一次，他们去外地出差，要入住某地一个宾馆，在登记入住的时候被问起是从事什么行业的，结果对方听说这位朋友是殡葬业者，竟然委婉谢绝其入住了！这位朋友还提到另外一件事情，他亲眼看到一位曾经跟他握过手的人，后来听说他是殡葬行业的人，竟然立马跑去洗手间清洗自己的双手——因为此人刚刚跟这位朋友握过手！虽然这位朋友对这些事情已经习以为常了，权当笑谈，但是，人们的这些反应，即对殡葬业者的害怕、忌讳和歧视态度恰恰就是一种死亡禁忌。正是因为人们害怕死亡、忌讳死亡，所以人们也害怕从事死亡相关工作的人，认为他们也是一种晦气的人和事，需要回避和远离，唯恐他们给自己带来霉运和不幸。与死亡相关的事情被屏蔽在人们的视线之外，墓

第九章 生命死亡：接受生命的自然

园、殡仪馆被驱逐到城市的边缘，医院的太平间隐藏在不为人知的地方……人们以为把这些与死亡相关的事物尽量放逐出日常视线之外，死亡就不再威胁我们了。死亡禁忌是人类害怕死亡的社会性表现，如果我们理性地看待死亡禁忌，或者人类对死亡的想象不那么恐怖，那么死亡禁忌就会随之改变。在现代社会，打破死亡禁忌是一件非常必要的事情，也是人们理性认识死亡、正确对待死亡的开始。

要打破死亡禁忌，就需要人们打破各种各样的死亡刻板印象。死亡的刻板印象，大概主要是恐怖、神秘、痛苦，人们一提起死亡，许多人心中想到的就是关于阴森、恐怖、惩罚等一系列有关死亡的负面印象。死亡似乎是一种惩罚，在法律上死刑是对人最严苛的惩处，而骂人不得好死或者咒人去死，则是天底下最恶毒的诅咒。死神在人类的神话传说与民间故事中，也总是令人望而生畏的，阴曹地府、阴司地狱等人们认为的去世之人居住的地方符合了人类对死亡可怕的终极想象。各种电视、电影、文学艺术等对死亡的可怕描写，也正是人们想象死亡那不可触及和难以理解的恐怖景象。这些印象，一方面是人们害怕死亡的表现，另一方面又加重了人们对死亡的恐惧。在有的中国家庭中，有的长辈习惯跟晚辈讲述鬼故事，或者用鬼怪来吓唬调皮的孩子，这些捕风捉影的故事从小就让孩子形成了一个印象——鬼怪吓人，与死亡相关的事情令人毛骨悚然。这些受到影响的孩子会在他们以后的日常生活中表现出敏感而惊慌的一面，他们对死亡的刻板印象更是难以改变。事实上，人们关于死亡的各种刻板印象，无非就是人们死亡恐惧的表现，这些刻板印象并不能真实地反映死亡的全貌。死亡虽然有令人闻风丧胆的一面，但是，死亡并不总是令人恐惧的，它也可以是温馨的、有意义的。

有一部非常有名的日本电影叫《入殓师》，没有看过这部电影的人，可能会因为它的名字和题材就想弃剧了，因为在不少人的印象中，给人收拾遗体，料理后事，这肯定是件令人感到恐怖的事情，但是，真的看过这部电影之后，我们更多地会体会到感动和温馨。电影中年轻的入殓师既有自己职业的问题，又有亲情的问题，人性的冲突和矛盾，展现的是人类生命的光辉，而剧中日本人对逝者的尊重和耐心亦令人钦佩；电影中日本音乐家久石让创作的音乐也令人印象深刻、感人至深。除了这部大家比较熟悉的电影，另一部类似题材的日本电影《遗体：面向明天的十日》也是讲述殡葬业者的故事。2011年3月11日的14点46分，世界地震观测史上最高级别的大地震袭击日本，随之引发海啸，民众死伤惨重。海啸过后，釜石市民众死伤无数，死状惨烈而恐怖。一位退休在家的老殡葬业者竟主动帮忙，帮助受难者清洗遗体，保证逝者尊严，安抚逝者家属。整个电影给人的都是温馨和感动，老人对待死亡的态度在惨烈环境的衬托下显示了伟大而动人的人性光辉。人们如何对待逝者是人类价值和尊严的体现，死亡在这部电影中带给人的不是恐怖，而是温馨和感动，以及人性的光辉、尽职的殡葬业者的伟大。

二、自觉直面死亡

有研究显示，人在青少年时期，尤其在十几岁到二十几岁时，通常对死亡有比较多的关注，而且，他们的死亡焦虑相比其他年龄段的人更加严重。人在青少年时期，开始逐渐形成死亡概念，按照心理学家皮亚杰的认知发展理论来看，12岁以上的青少年开始进入认知心理发展的最后阶段，即形式运算阶段，在这个阶段，人开始形成相对严密的逻辑思维，人的概念认知和理性认识开始占主导地位。也就是说，在青少年时期，通常也就是我们说的中学时期，人开始逐渐脱离原来对死亡的形象思维，

第九章　生命死亡：接受生命的自然

开始用概念来思考和把握死亡，对于死亡是什么、人为什么会死亡这件事情开始重视起来。因此，在这个阶段，我们需要自觉地面对死亡，确立起关于死亡的理性认知。

不回避死亡话题，不忌讳死亡，直面生活中与死亡相关的事情，是我们确立起理性的死亡认知的第一步。由于生活中有太多关于死亡的禁忌，回避死亡和不愿意直面死亡仍然是我们生活中十分常见的事情，因此，当我们真的产生了死亡困惑，或者开始对死亡感到害怕，我们不能简单粗暴地打发它，因为一旦死亡焦虑出现，就很难简单地打发掉。曾几一度，死亡问题一直困扰我，于是，我向老师求助，询问他们：我很害怕死亡，该怎么办？大概是这个问题极具杀伤力或者别的原因，问题不光没有得到回应，相反，老师让我不要去想这个问题，说我的年龄还未到思考死亡的时候，此时，我已经上研究生了。青少年时期有死亡困扰的人不少，但是被认真对待的人不多，我的问题没有因为老师的回避而消失，我也来不及等到某个特定的年龄，比如60岁、70岁或者100岁再去思考何为死亡——死亡问题出现了，人根本没有办法让它离开心灵，我对死亡仍然感到害怕，并且我知道，死亡并不会因为你不去想就不来，或者它要等你考虑成熟后才来到你身边，它需要你提前准备，因为它就在身旁，步步紧逼。在我们的生活中，常常会遇到类似的问题，年轻人，甚至儿童对死亡提出了问题，对死亡有许多困惑，然而，一些教育者和长辈，他们的做法不是解决和回应问题，而是解决提问题的人——不让我们去思考这个问题，甚至有的人不惜打压提问题的人。当面对诸如此类的问题时，我们要勇敢地面对，即便老师和长辈不让我们去触碰这个问题，但是，我们仍然要去面对自己遇到的生死困惑，因为个体生命的生死困惑最终需要每个人自己面对和解决。没有人可以代替我们思考死亡这个问题，死亡对每个人的煎熬也不是别人可以体验和取代的，因此，勇敢地面对自己的死亡困惑，打破那些回避死亡和禁止谈论死亡的陈旧规条，我们才有可能真正认识和超越死亡。

当我们开始勇敢地面对死亡时，人类才开始真正理解自己的生命处境和个体价值。打破死亡的刻板印象，是人们全面理解死亡的开始，也只有打破了死亡的刻板印象，人们才可能真正看到死亡的多面性，就像《死亡如此多情》①的书名一样，死亡也可以是多情的，而《温暖消逝》②一书更是把人的临终和死亡看成是温馨、动人的过程。当社会刻意把死亡屏蔽，放逐出人们的生活，让我们的周围世界看不到关于死亡相关的事情，这样一来，死亡就被人为地神秘化、恐怖化了。在传统社会里，无论中西，人们对死亡大多是郑重其事的。人之将死，并不会被孤立在某个地方，也不会无人问津，或转移到医院之类的地方，而是会光明正大地等待死亡的降临，并且，近亲属和朋友会前来送终告别。人的死亡在这时候不是孤立的，也不会觉得是被抛弃的，死亡之时的倾诉与叮嘱更是充满了温情和美好。相较而言，现代社会许多人都是在医院去世，或者临终时不在自己熟悉的场所，人们有时刻意远离临终病人，有的人死亡之时甚至无人知晓。死亡过程对现代人来说，有时是一种痛苦的煎熬，人对死亡的恐惧以及对生命即将逝去的绝望，对死亡之时绝对孤独的感受等，都是当今人类在死亡过程中遇到的巨大困境。人们害怕死亡，除了害怕死亡之时的无助与绝望外，人们还会担心死亡之时的孤寂、无人陪伴等。由于许多人没有伴随临终病人的经历，也没有见过死亡，所以对自身的死亡也不了解，甚至讳莫如深，而一旦当我们真正面对自己

---

① 中国医学论坛报社：《死亡如此多情》，中信出版社，2013。
② ［美］迈克尔·R.雷明：《温暖消逝》，庞洋、周艳译，电子工业出版社，2016。

的死亡时，比如说，一朝得了重病，生命危在旦夕，此时人们才发现，原来自己对死亡从来都没有认真准备过，因此，对死亡感到无比恐惧。这种对死亡的极度恐惧让人难以自拔，甚至可能加速死亡的到来。当今社会，为了弥补这样的缺憾，除了全社会重新开始重视死亡、重视生死教育之外，更多的还需要年轻人从现在开始勇敢地直面死亡、思考死亡，并逐渐建立起理性的死亡认知。年轻人犹如清晨的朝阳，认知度最活跃，容易接受新观念，摆脱原来对死亡的禁忌和回避态度，打破死亡恐怖、令人望而生畏的刻板印象，对死亡拥有全新的、全面的认识，这样才可能日后正确地面对死亡，摆脱死亡恐惧的束缚。

第三节　自然死亡与尊严死亡

【生命导航】

人类来自自然，离开以后回归自然是十分正常的事情，所谓"尘归尘，土归土"，人的自然生命终结后，再回到自然之中，自然地离开人世，这个过程应该被人们认可和尊重，自然死亡也是一种尊严死亡，没有痛苦、符合人的意愿、跟着自然节奏地离开人世，就是一种尊严死亡，也是一种善终。

【生命课堂】

一、现代人的死亡

随着现代医学的发展，医疗技术不断提高，从死神手里"抢人"成为医生和医院认为的天经地义的事情，也成了医生们引以为豪的工作和责任。治病救人是医者的天职，这是自古以来医学的优良传统，与死神展开殊死搏斗、救死扶伤，成了所有医生都需要遵守的伦理规条。时至今日，由于死亡被认为是需要被克服的医学顽疾，人们在医学巨大胜利的鼓舞之下已经开始拒不承认死亡是自然生命的一部分了。曾经有个非常有名的医生，说过一个有趣的案例：有一次，在他给别人开具死亡证明时发现，面对死亡原因这一栏，他竟然不知道填什么了——因为该病人生前并没有诊断出疾病，他的身体器官也并未出现意外损伤，然而，他死了！这种现象在这个医生看来极其不正常，因为按照他的理解，人类的死亡除了无法治愈的疾病和意外致死，不可能还有别的原因。换言之，他不认为人是可以自然死亡的，自然老死是一件不可思议的事情，他也不可能在死亡原因上填写自然死亡这个"愚蠢"的原因。这个极端的案例，看起来很普通，许多人大概并不觉得有什么问题，但是，实际上这个案例背后深藏的观念是发人深省的：人是不会自然老死的，或者说人不应该自然死亡！曾几何时，人类寿数已尽，自然死亡，本是再正常不过的事情了，人类历史上自然死亡的人多如牛毛，为何今天人们竟然拒不承认人的自然老死这种死亡方式了呢？人如果不能自然死亡，那么，非自然的死亡就是必然的结果。整个社会拒不承认自然死亡，大概是由于人类过于乐观和盲目地相信现代医学与科学技术，人们深信现代

第九章 生命死亡：接受生命的自然

医学可以起死回生，人类的死亡作为一种医学顽疾，早晚会被医学攻克，或者说已经可以被现代医学战胜。可是事实上，现代医学并没有消除死亡，数不清的不治之症让医学无可奈何，被死神从医生手里带走的生命更是不计其数，死亡仍然倔强地屹立在医学的中心，无法被撼动。现代医学没有战胜死亡，它只是相对传统医学更加有效了，它拯救了更多生命，但是，它没有改变死亡必然发生的事实。

就像有的医生感叹的，现代医学虽然取得了巨大进步，医学对人类社会的贡献从来没有像今天这般突出，但是，现代医学、医生、医院从来没有像今天这样招致人们的巨大不满和怨恨。其中，拒不承认死亡和死亡的自然属性是其根本原因。正是因为人们拒不承认死亡是自然生命发展的一个环节，所以死亡只是疾病或意外所致，或者更确切地说，是医学无能为力的结果。可是人们又不愿意相信有医学无能为力的疾病，所以拼命地救治，努力地抢救，最终在满怀希望中走向巨大的失望和痛苦。在这个过程中，死亡就被人为地延长和改变了，在这个体系之下，自然死亡是不被允许的事情。但是，我们知道，有的疾病又是当今医学无能为力的事情，所以当人们散尽家财、耗尽精力，仍然不得不走向死亡时，大概愤怒与不理解就是可以想象的事情了。当今社会的一些伤医事件、医闹事件，家属的心态正是这样的。人们既不理解医生、医学，也不理解死亡，更不愿意接受死亡，而医生对死亡的信念和态度也直接影响了病人家属。因此，承认死亡是自然生命的一部分，医生只是有限地治疗疾病，而不能改变死亡的结果，大概人们就不会变得那么激动和非理性了。除了家属和医生，病人承受的痛苦更是超出想象，死亡过程的人为延长，使得有些病人求生不得、求死不能，痛苦万分。我们看到在有些案例中，病人因为各种抢救措施被折磨得死去活来，最后有的人仍然不可挽回地离开了人世。另一些案例是因为疾病导致失去生活自理能力和大部分生理机能，如严重瘫痪、植物人等，这些病人由于家人的照顾和社会的帮助，既无法离开人世，又难以符合心愿地、有尊严地活着，半死不活，这对许多人来说都是一种折磨。就像印度电影《雨中的请求》里的主人公伊森一样，他曾经是世界上最伟大的魔术师，一次失误的魔术表演让他瘫痪在床14年。他虽然身体瘫痪、严重残疾，但是，他仍然坚持在家里生活和工作，发挥自己的聪明才智，比如，通过写书和广播节目，推广他的新魔术。12年过后，他的内部器官功能退化，生活状况严重失能，为避免永久性地住院和靠机器支撑生命，他申请法院允许他安乐死。类似的题材，另一部著名电影《深海长眠》，主人公雷蒙·桑佩德罗原本是一名船体机械师，他在一次跳海中发生了意外，颈部遭到重大损伤，醒来后发现自己高位截瘫，从此卧床不起，日常生活起居都要依靠亲人来帮助。为了改变自己的生命状态，他请求外界结束自己的生命。为了自己的死亡权利他与各种力量和人物斗争，持续时间长达30年之久。据说这是一个根据真实人物故事改编的电影，人到底有没有结束自己生命的权利？是否可以放弃没有品质的生命？随着老龄社会的到来，安乐死这个残酷的话题越来越多地被人们提及。如果追求幸福是人类长久以来的伦理选择，那么，当人面对极端处境，遭受生不如死的境地时，他是否可以拥有死亡权利？在我们生命走到尽头，身体变得越来越虚弱，却没有能力再照顾和保护自己时，我们的生命是否还有价值？这些问题还在激烈的争论中，我们认为，如果人类接受死亡是生命的一部分，自然死亡是生命的一种基本形式，或许我们就不会那么纠结，死亡必定要来临的时候，就让它自然发生，而不是拼尽全力却竹篮打水一场空，平添人的痛苦与失望。

第九章　生命死亡：接受生命的自然

二、生命的尊严与死亡的尊严

生命是有尊严的，人活着的时候就应该得到他人的尊重，哪怕生命已经快到尽头了。现代临终关怀之母西西里·桑德斯有句名言，她对临终病人说："你很重要，因为你是你，即使活到最后一刻，你仍然那么重要。"即便人不可避免地要走向死亡，他依然很重要，依然是有尊严的，哪怕他生命垂危，死亡在即。现代人不接受死亡，不承认死亡的自然性，有时候，仅仅是因为害怕死亡，不愿意看到死亡，所以干脆把面临死亡之人一并推向不愿意面对和接受的事物中。正如著名的死亡学家库伯勒·罗斯所说，"今天的死亡过程在许多方面都是更为可怕和令人厌恶的，就是说，更加孤独，机械化及非人化，死亡的过程变得孤立而缺乏人情味"[①]。由于死亡过程的人为延长，令人恐惧的死亡结局不光没有消失，由于有时在技术上难以确认死亡真正的发生时间，所以反而增加了人们对死亡的不确定感和恐惧程度。这种局面亟须改变，死亡的自然性必须再次得到社会的认可，死亡也应该被承认为每个生命不可或缺的一部分。当生命不可避免地走向死亡时，缓和医疗和临终关怀服务或许是尊重生命一个不错的选择。与反对者宣称的相反，临终关怀并不是要放弃生命，并不是要让人们平白无故地失去生命，而是要在面对死亡不可避免、救治已经无效和无望之时，尊重自然死亡的规律，给予当事人尊严感、舒适感、控制感和有质量的生命。对普通人来说，当我们的亲朋好友死亡已经不可避免时，我们应该接纳它、拥抱它，同时做好病人的临终关怀，让他们更舒适、更有尊严地离开。生老病死之下的离开并不是失败，而

[①] [美]伊丽莎白·库伯勒.罗斯：《论死亡和濒临死亡》，邱谨译，广东经济出版社，2005，第6页。

没有被安抚、被照顾、被陪伴、被反复折腾、丧失了尊严的仓促离开才是真正的失败。

每个人的生命都有结束的时候，都会有临终期，当生命走到尽头，人生大势已去，生命品质不可逆转的时候，我们唯有把握好今天，而不是为了明天，牺牲今天。美国哈佛大学医学院的葛文德医生在他《最好的告别》一书中提出过一个问题："在我们衰老脆弱、不再有能力保护自己的时候，如何使生活存在更有价值？人们无法回避的一个问题是：我们应该如何优雅地跨越生命的终点？对此，大多数人缺少清晰的观念，而只是把命运交由医学、技术和陌生人来掌控。"[①] 当人们不能在生命最后的阶段主导自己的生活，不能按照自己的意愿生存下去，而是把自己的命运交由医疗技术去主宰时，这是对生命不负责的行为。人们在生命的最后岁月里，他的个人意愿、他对治疗方案的选择、他对是否抢救的决策，这些都应该交由当事人自己决定，而不是像现在的有些人一样，大多由家人和医生决定，甚至有的临终者到死都无法知道自己的真实状况。在生命的最后阶段主导自己，这既是对当事人生命尊重的表现，也是每个人活着时应该有的权利。相比西方国家的情形，我们的国人在面对终末期病人时，生死的决策权大多掌握在家人手里，尤其是陪护病人的近亲属手中。有一次，一个学生十分愤怒地告诉我，他的奶奶至死都不知道自己的病情，而且他最后也不知道自己最亲的奶奶去世了——奶奶离世后，他都没有收到消息，因为家里的长辈坚持不告诉他真相。对此，他感到十分愤怒、遗憾，甚至怨恨，他不理解大人的做法，他觉得他们的决定是错误的，而这个错误的决定让他感到很遗憾、很痛苦。

---

① [美]阿图·葛文德：《最好的告别》，王一方主编、彭小华译，浙江人民出版社，2015，第9页。

2020年上映的华语电影《别告诉她》，这部电影根据真实的家庭故事改编，它讲述了一个在美华人家庭，由于奶奶罹患癌症，时日无多，于是，家人选择隐瞒老人，并假借一场婚礼的名义，让所有亲人回家见奶奶最后一面的故事。这个故事在华人的生活世界看起来很平常，因为许多中国家庭都是这样对待临终者的，而选择隐瞒病情的原因大多是为了不让病人害怕、难过，或者为了让临终者轻松地度过生命中最后的时光。这种善意的谎言无可厚非，但是，他们把问题想得太简单了，我们以为这样是为了病人好，实际上却没有留给当事人任何准备死亡和安排后事的机会和时间，也没有留任何空间给临终者与这个世界挥手作别。这其实是件十分残忍的事情，如果我们知道自己要死了，或许我们想做的事情、希望满足的愿望可能不再是无效的抢救，或者浑身插满管子、苦苦挣扎，也不是与疾病苦苦纠缠，而是与疾病达成和解，与生命达成和解，与身边最重要的人见面告别，把最想做的可行之事完成，把自己的祝福带给身边的人……

第四节　死亡准备与人生告别

【生命导航】

每个人的死亡都是他自己的死亡，从生命只此一次的角度来看，每个人都是第一次死亡，也是唯一一次死亡，因此，所有人都没有死亡的经验，在死亡面前，我们都是新手，都需要学习，都需要提前预习死亡。学习死亡，为死亡做好准备，与仅此一次的生命挥手作别，这是我们现代人必修的功课。

【生命课堂】

一、让死亡回归生命

由于每个人的死亡都是非常重大的事情，就像有的哲人说的那样："世间事，除了生死，哪一桩不是闲事？"生死问题如此重要，我们在年轻的时候多了解一些生死问题，是生命成长的必修功课。为了多了解一些生死问题，尤其是与死亡相关的事情，我们就需要让死亡回到我们的日常生活，在家庭生活、学校生活、社会日常活动中看到死亡、讨论死亡、学习死亡、正视死亡，让死亡回归人的正常生命和日常生活。

家庭是每个人生命的起点，很多时候家人还会是陪伴人们走完生命最后一程的见证者和照顾者。家庭是每个人认识死亡、理解生死的启蒙场所。但是，目前在我们国家，绝大多数家庭是不能讨论死亡的，死亡被当成了禁忌，家庭的生死教育是缺失的。对中国传统社会来说，家庭承载着生老病死的重要功能，几乎每个人都在家庭中出生，也在家庭中离世，关于死亡的一些常识会通过年长者的言传身教以及社会礼俗来传递给下一代，死亡对年轻人来说是能够看到，也能够通过各种习俗和观念得到传承的。换言之，虽然传统社会没有专门的生死教育课堂，但是在人们的日常生活中，死亡并不是被隔绝和屏蔽的，人们的死亡观念也是相对比较清晰的，人的生死问题是有交代和安顿的。家人的离世，每一次举行的葬礼，家中的祭祀活动和节庆安排，祖先的牌位与祠堂，似

第九章　生命死亡：接受生命的自然

乎都在告诉人们，我们死后的去向以及如何安顿生死。这些东西都是传统农业社会对人们生死问题的解释和安顿，它本身就是很好的生死教育方式，它潜移默化地影响人们，让人可以很好地确立自己的生死信仰，安顿自己的生活。可是，随着中国现代化进程的推进，除了少数农村地区和一些少数民族地区，这些传统的生死教育方式都被挤出了人们的生活。同质化的生活方式、现代化的都市生活，人们的死亡已经无法再按照原来的方式进行安顿了。因此，在家庭生活中需要重新塑造死亡的形象，重新面对死亡问题，从而安顿生死问题。家庭教育中要重新添加生死教育成分，这需要成年人、家中的长辈自觉地跟年轻人和孩子分享自己的生死看法，传递自己对下一代的爱与关心，面对和疏解未成年人的死亡困惑。

家庭中需要长辈与孩子进行有关于死亡的讨论和分享，在我们的学校教育中，也应该有专门的生死教育课堂，让年轻人有机会接受与生死相关的知识，讨论自己的生死困惑。现在，有些中学已经开设了与生死教育相关的生命教育课堂，甚至还有一些机会接触与生死相关的现场，这对中学生来说是非常好的学习机会。据新闻报道，在成都某中学的生命教育课堂里，还让参与的学生躺进棺材，体验死亡，这引起了不少争议。实际上，这种实践课堂，让学生体验死亡，在许多发达国家和地区早已不是什么新鲜事。生死教育不是简单的知识传递，它应该让学生有所体会和感悟，就像有的躺过棺材、体验了死亡的学生，他们在活动结束后，对生命的感悟非常多，有的甚至抱头痛哭，决定珍惜当下，改变自己从前的不良人生态度。学校的生死教育课堂，在我国内地仍然处在艰难的起步阶段，而在我国的港澳台地区，生死教育早已是学生的必修课之一。相信在不久的将来，我国大陆的生死教育也会成为学校教育的重要内容，学校的生死教育是帮助学生建立理性生死观的重要途径。

从来没有任何生命只有出生，没有死亡的，死亡是生命的一部分，只有走向死亡，生命才成为生命，没有死亡的生命是类似神仙之类的超自然存在物，不是人。然而，就像臧克家的诗所写的，"有的人活着，他已经死了；有的人死了，他还活着"，有的人虽然还活着，但是浑浑噩噩，与死无异；可是，有的人死了，却留下了永恒的印迹，让人缅怀。人类社会为了纪念历史上的圣贤明君、学者诗人、英雄人物等，都会为他们立碑立传，歌颂其嘉言善行、丰功伟绩，这些伟大的人物并没有因为他们的生命消失而在人类历史上消失，恰恰相反，他们的故事、言行、功德仍在不断地影响着我们，与我们的生命融合在一起。即便是普通人，我们没有像伟人一样留下卓越的贡献和功绩，但是，我们美丽的人生、奋斗的过程、生存的足迹等，普通人的喜怒哀乐、理想信念、人生故事等，都曾在时空中留下足迹。虽然大多数人对此浑然不知，但是，每个生命留下的印迹不能被抹杀。正因为这样，人类社会形成了一系列礼俗习惯，借此留住我们思念的人、尊敬的人，让他们在有人的地方一直流传下去。于是，清明时节，中国人要祭奠先祖；中元时节，我们要纪念逝去的亲人。当一个人离开了世界，人们会给他举行葬礼，给他建墓立碑。如果人死了，什么都没有了，为什么我们还要这样煞费苦心地做这些事情呢？恰恰是因为人死了，他在人世的事业结束了，功德圆满，应该休息了。而人死之后，他仍然以另外的形式被人们记住和纪念，逝者并不是什么都没有了，恰恰相反，他回到了与其亲近之人的心中，以更加纯粹的形式来到我们身边，或者陪伴在我们身边，继续他们的生命。如果我们不否认人是可以通过心灵记住和延续逝者形象和事业的，那么，我们就不能简单地认为，人死如灯灭，或者说人死了就什么都没有了。社会通过各种节庆、仪式、典礼，来纪念逝去的人，这正是告诉我们：一方面，逝去的人并没有离开我们，他们还活在我们心中和身边；另一方面，每个人都将如逝者一样离去，我们将以同样的方式被后世纪念。因此，社会礼俗是人们准备死亡、练习死亡的一个重要机会，也是一种耳濡目染的生死教育方式，我们参加这些节庆、仪式、典礼，正是我们感知生死，升华生命的绝佳机会。

【生命阅读】

礼者，谨于治生死者也。生，人之始也，死，人之终也，终始俱善，人道毕矣。故君子敬始而慎终，终始如一，是君子之道，礼义之文也。夫厚其生而薄其死，是敬其有知，而慢其无知也，是奸人之道而倍叛之心也。君子以倍叛之心接臧谷，犹且羞之，而况以事其所隆亲乎！故死之为道也，一而不可得再复也，臣之所以致重其君，子之所以致重其亲，于是尽矣。故事生不忠厚，不敬文，谓之野；送死不忠厚，不敬文，谓之瘠。——《荀子·礼论》[①]

二、随时准备人生谢幕

生命有始必有终，每个人在走向生命终点的时候，结局虽然都是一样的，但是面对死亡的过程和死亡结局时的状态千差万别，是否提前准备和练习"死亡"，直接影响到我们面对死亡时的态度和精神状态。

为死亡做准备就是练习死亡，而练习死亡并是让人们去自杀或寻死，

---

① ［清］王先谦：《荀子集解》，中华书局，1988，第424—425页。

而是让人们提前确认死亡一定会到来，如果死亡必然到来，我们在活着的时候还可以做些什么。人在年轻的时候，或者身体健康的时候，大概是无法想象死亡的，生命似乎是永无止境的——哪怕人们看到身边的人死去了，甚至看到年轻人、小孩不幸夭折，我们仍然不相信这样的事情可能发生在自己身上。死亡看起来似乎永远是他人的事情，而自己的死亡却不敢、也不愿相信。如果有一天不幸遭遇了生命变故，比如得了不治之症，或者发生意外，临界死亡，我们便不得不开始相信死亡就在身旁，死亡随时可能降临。此时，已经由不得我们不相信死亡会发生在自己身上了。许多接近生命终点的人，他们感受到的恐惧、绝望、痛苦与其生前是否有过死亡准备呈负相关。简言之，但凡有过死亡准备的人，面对死亡时，他们相对比较平和，也能接受其生命走向终点的这个事实，而从来没有认真想过死亡的人，他们遭遇突然的生命变故，对死亡的极度恐惧几乎难以避免，痛苦和绝望之情更是让人难以想象和承受。因此，对死亡有所准备，无论是对身体健康的人，还是对生命岌岌可危的人，都是必须要做的事情。

死亡准备，从根本上来说，就是要认识到：人来到这个世界上，无非就是一个短暂的旅行，生命旅程中会遇到各种各样的人和事，但无论如何，每一次相聚或许就是最后一次相见，生命之旅实在难以预见。在日本的茶道中，据说有一种说法，就是把喝茶和相聚当成是一次生命和死亡的演练：每位来前相聚的人怀着人生初见的喜悦，当喝茶和相聚结束，各自散去，又怀着人生各自归去、或许不再相见的忧伤，就在泡茶、洗茶、倒茶、品茶的过程中，每个步骤都是一场暂时的相聚，又快速地离去。生命和死亡在整个过程中不断交替出现，正如每一次相遇都可算作是第一次相见，每一次离去都可能永不相见。从本质上说，这就是一种死亡练习，把生与死的体会放置在日常生活的具体事务中，在潜移默化中体会生命的短暂与死亡的必然。如果生命必然走向死亡，那么，在我们活着的时候，每一天都是奇迹，都应该是新鲜的，都是宝贵而不可代替的。在生命走向死亡的过程中，或者换句话来说，在死亡步步紧逼，生命一天天凋谢的过程中，我们唯一的能做的事情就是把握当下，珍惜现有的生命。如若生命要提前终结，我们也能坦然地接受这个结局，在已知的结局面前，与亲人、朋友告别，表达我们平日里可能不会轻易说出口的感激与不舍，对曾经受到自己伤害的人说出我们的歉意，原谅曾经伤害过自己的人，放下自己孜孜以求却可能再也无法实现的目标，接受自己的不完美、脆弱，坦然面对曾经做过的错事。虽然不是每个人都有机会充分准备死亡，但是，如果我们在生命还没有结束之前，时时处处与人为善，把每一次相遇当成是初次相见，每一次离去都看成最后的分离，大概我们的人生随处都在做着死亡准备和死亡练习。道别、道谢、道爱、道歉，四道人生，就不再是生命临终之际才需要做的事情，而是在我们的生命成长过程中每天都在做的事情。

【生命阅读】

《荀子·礼论》（丧礼的意义）

丧礼者，以生者饰死者也，大象其生以送其死也。故事死如生，事亡如存，终始一也。始卒，沐浴、鬠体、饭唅，象生执也。不沐则濡栉三律而止，不浴则濡巾三式而止。充耳而设瑱，饭以生稻，唅以槁骨，反生术矣。设亵衣，袭三称，缙绅而无钩带矣。设掩面偃目，鬈而不冠笄矣。书其名，置于其重，则名不见而柩独明矣。荐器则冠有鍪而毋縰，瓮、庑虚而不实，有簟席而无床笫，木器不成斫，陶器不成物，薄器不成内，笙竽具而不和，琴瑟张而不均，舆藏而马反，告不用也。具生器以适墓，象徙道也。略而不尽，貌而不功，趋舆而藏之，金革辔靷而不入，明不用也。象徙道，又明不用也，是皆所以重哀也。故生器文而不功，明器貌而不用。凡礼，事生，饰欢也；送死，饰哀也；祭祀，饰敬也；师旅，饰威也：是百王之所同，古今之所一也，未有知其所由来者也。故圹垄，其貌象室屋也；棺椁，其貌象版、盖、斯、拂也；无、帾、丝歶、缕翣，其貌以象菲、帷、帱、尉也。抗折，其貌以象槾茨、番、阏也。故丧礼者，无它焉，明死生之义，送以哀敬，而终周藏也。故葬埋，敬藏其形也；祭祀，敬事其神也；其铭诔系世，敬传其名也。事生，饰始也；送死，饰终也。终始具，而孝子之事毕，圣人之道备矣。

【生命训练】

【生命思想实验室】

1.想象自己的生命只有最后一天了，列出自己最后一天最想做的事情，尝试完成自己最后的愿望，并与自己的亲朋好友道别、道谢、道爱、道歉，并记录下来。

2.填写自己的死亡通知单，并列出自己认为最可能的死亡原因、地点、时间，然后写出自己的感受和愿望。

第十章 生命传承：走向生命的永恒

人类是唯一有历史的生命，历史是生命在时间长河中的呈现。正因为此，死亡不是作为个体的人类生命的终点，也不是个体生命完全走向虚无，而是通过丧礼、葬礼、祭祀礼仪和其他文化活动，在生死幽冥感通中，在文化传承中走向永恒。丧葬仪式的举行既是为了体现逝者的尊严，也是为了让生者宣泄悲伤、重建心灵。祭祀仪式则借助庄严的仪式与逝者产生精神联结，从而实现生命的超越，达致永恒。

第一节 丧葬仪式的生命意义

【生命导航】

为表达全国各族人民对抗击新冠肺炎疫情斗争牺牲烈士和逝世

同胞的深切哀悼，国务院发布公告，决定于 2020 年 4 月 4 日举行全国性哀悼活动。在此期间，全国和驻外使领馆下半旗志哀，全国停止公共娱乐活动。4 月 4 日 10 时起，全国人民默哀 3 分钟，汽车、火车、舰船鸣笛，防空警报鸣响。这是在特殊时刻的特殊纪念，表达了全国人民对生命的尊重和不舍。

【生命课堂】

一、中国传统丧葬仪式

人死亡之后，对死者的遗体要进行安葬，生者还会以不同方式对死者进行追悼、纪念、祭祀，由此便有了人类生命文化中的一个重要部分，即丧葬与祭祀，并由此形成了一整套生命礼俗。

丧是指死亡的意思，办理死者的后事，叫作丧事。葬是指掩埋的意思，将尸体埋入地下，称为埋葬。所以，丧葬是指死亡和埋葬。在中国传统社会，丧葬安排大体可以分为寿终、入殓、奠祭、出殡几个阶段，各阶段都有整套相应历史发展传承下来的礼仪。

衣殓。即给即将死去的病人穿寿衣。古代儒家的定制，衣殓分两次进行，三日给死者穿常服，称为"小殓"，五日给死者穿官服，称为"大殓"。现在衣殓多一次性完成，称小殓，棺殓为大殓。常在弥留之际，便给濒临死亡者沐浴穿戴好内外寿衣。死者衣服里外三新，衣裤鞋帽齐全，夏天也要穿棉衣。褥子黄色，被单白色，是为"铺金盖银"。寿衣不许有纽扣，不许打死结，有"冤家宜解不宜结"的意思。

搬铺。在人临终时，把他从睡床上移挪到另一处地方，通常是大厅。

福建沿海多移至祠堂，安徽合肥是移至厅前，山东是移到正屋明间的灵床上，山西北部则是移至充当灵床的门板上，称作"挺尸"。换床表面上是对临终者"冲喜"，实际上是减少生者的恐惧心理。

招魂与"饭含"。确定死亡之后，家人到房顶或高坡呼唤死者的名字，叫他回家，是为"招魂"。其后还要检查死者鼻息、脉搏，表面看是希望亲人归魂的礼仪，实际是一种防止假死的措施。初死之时，还有给死者口中含物的习俗，富家含玉、珍珠，称"饭含"，或在死者袖内放小面饼和纸钱，以便在去"冥府"的路上给"拦路狗"吃饼、给"拦路鬼"撒钱，以及"渡河""过桥"的费用。

丧服。人们为死者穿丧服时，须根据丧服的质料和穿丧服时间的长短，来体现血缘关系的远近尊卑，传统中国有"五服"制度，即将丧服分为斩衰、齐衰、大功、小功和缌麻几个等级。其中斩衰与死者关系最近，系由儿子对父亲、未出嫁的女儿对父亲、孙子对祖父、妻妾对丈夫所穿的丧服。丧礼上的"五服"，在历史发展中渐渐成为决定人们亲属关系的代词，人们常以"五服"来界定亲缘关系。

棺殓。也叫入木，就是将死者的遗体殓入棺木，是正式入殓，故称为"大殓"。死者的一生功过就此论定，所谓"盖棺论定"。入殓是亲友与死者最后的告别，所以入殓时，亲人亲属朋友都要参与。将死者遗体从灵床放入棺木之后，有一系列的"开光""摔罐""躲钉""挽发"等礼仪程序，大殓遂告完成。

吊祭。人死之后，死者的亲人，主要是孝子要及时向亲友报告死讯，以及丧期、葬期等有关事宜。出门在外的子女及亲友接到讣告后，赶路回来称为奔丧。临到家时要"望乡而哭"。因疾病、工作等原因而不能奔丧者，要寄物以吊，否则被人视为不孝。亲友接到讣闻后即携礼来吊丧，所携之礼不外糖果、点心、花圈纸马或钱物。为了表示对死者的哀悼，要将哀痛的思绪诉诸文字，诸如挽联、挽幛、悼词、祭文等。

出殡。把棺木灵柩送到埋葬的地点下葬，称为途葬，又称"出殡"。也有将出殡和下葬的日子分开的。送葬多选择单日。古礼三日而殡、三日而葬。出殡之日，先由孝子"摔盆"，盆即放在灵前烧纸用的瓦盆，暗喻给死者在阴间用的锅，摔碎方好带去阴间，并表示一种既定的继承关系，出殡的仪仗顺序一般是：最前面是扛着引魂幡的孝子，其后依次为灵柩、抱明器的孝子、鼓乐班子、送殡的女眷。一路上有专人撒纸钱，以"买路"送灵。到达墓地之后，将棺木徐徐放入墓坑，填土埋葬，堆起坟丘，将引魂幡插在坟上。掩埋完毕，所有服丧的亲属，皆焚香祭拜坟墓中的死者，并为其祈福。下葬回来后，还有一套繁缛的礼仪，如进家门前要从火上迈过，以消驱邪气等。

居丧。死者安葬以后，孝子要居丧，也叫"丁忧""丁艰"，又叫"守孝"。按照古礼，丁忧的三年期间不能做官应酬，也不能住在家里，而应在父母坟墓前搭草棚，"寝苫枕块"，即睡草席、枕砖头土块，粗茶淡饭忌酒肉，不与妻妾同房，不听丝竹音乐，等等。之所以要守孝三年，是由于人们认为幼年出生后三年不离母怀，时刻都要父母的呵护照料，所以父母亡故后，儿子应还报三年。

二、现代丧葬仪式的变化

随着社会的发展变化，火葬形式得到更大范围的普及，遗体火化或捐赠给医院，已日益普遍。因此，现代丧葬仪式，尤其是城市里的丧葬仪式，也是以火葬为中心展开的。其主要的流程和仪式，承继了部分传统的礼仪，也有了很多简化和创新。

第十章　生命传承：走向生命的永恒

沐浴更衣。病人临终之际，家人要给他沐浴更衣，也即给他脱下常人穿的衣服，待擦洗完身子后穿上寿衣。这里的擦洗身子，通常是擦一下脸、手、脚。整个过程在传统土葬上称"小殓"，即给老人净身穿衣的意思。

停尸。停尸也叫"停丧"，如沐浴更衣后确认老人已去世，家属要立即把遗体移到灵床上（多数地方用门板），移尸完毕后还要烧倒头纸。现在人去世，多数第一时间通知殡仪馆或殡仪服务公司，由他们把遗体接运到殡仪馆，接着由殡仪馆工作人员或丧事公司殡仪服务专员为其穿衣、整理仪容。

择日。遗体停放完毕后，家属根据死者年龄大小（青少年通常当天火葬、当天安葬）、在外地亲属的归期、丧事准备工作等因素选择逝者的火化、安葬时间。一般从死者断气到火化安葬的时间为三天、五天或七天。同时要跟殡仪馆预约追悼会时间、火化炉规格（普通、豪华、高档）、葬礼服务项目等。

报丧。在日期确定后，亲属要立即把丧事消息告诉给亲友。报丧的方式有：孝子亲自到亲友家报丧，但不能进亲友家门；讣闻报丧；登报讣丧；委托亲朋口信报丧；利用各种现代通信工具报丧，等等。

吊唁。为方便亲友前来吊唁，在死者灵柩前搭设一个灵堂（也有在家中布置灵堂的，不少丧事公司都有家庭灵堂布置业务），以方便亲友前来哀悼死者，慰问死者的家属。吊唁形式包含：哭丧、鞠躬、敬献花圈、花篮、向死者家属致唁函、唁电、参加追悼会等形式。

哭丧有男女之别。男孝子一般在灵堂前的两侧，女孝子在灵堂内灵床的两侧。所以，女宾前来哭丧要在灵堂内。如果来宾鞠躬，不分男女，只在灵堂前鞠三个躬即可。

追悼会。追悼会一般是在火化前举行，也有在火化后安葬前举行，是人们对死者怀念哀悼的殡仪形式。追悼会由死者生前所在单位、村（居）委会或亲友组织举办。一般是在殡仪服务站、殡仪馆、礼堂或灵堂前举行。追悼会场正方中央放置遗体或骨灰，两旁放置花圈、花篮，前方放着遗像，上有"沉痛悼念×××同志"的横幅。孝子排列在悼念厅左侧，亲友则在右侧和中间。

追悼会的一般程序是：全体参加追悼会的人员在哀乐声中默哀三分钟（实际约一分钟即可）；单位领导或亲友代表宣读悼词；死者家属致答谢词；向遗体（遗像）鞠躬；向遗体告别；向死者家属表示慰问；向遗体（像）告别的顺序是：孝子、家属站立不动，先由领导，依次是亲友，单独或成排向遗体（像）鞠躬，接着从右向后转到左侧瞻仰遗容，然后向孝子、家属表示慰问，逐一握手道别，离开会场，随后由孝子、亲属向遗体（像）告别，最后由工作人员安排下一步丧事。

火化。火化前，死者家属或单位必须取得死亡证明：正常死亡的由医疗卫生机构出具死亡证明，或由死者所在单位、村（居）委会出具火化介绍信；非正常死亡的，应由县、区以上公安、司法部门出具死亡证明。

火化一般程序是：去火化时应携带死者身份证和死亡证明；按预约时间，家属持死亡证明在指定的地点等候灵车接运遗体；选择服务项目，选购骨灰盒；办理火化费用手续；火化；领取骨灰；骨灰安葬、安放。

墓地选择。选择公墓要从交通、环境、管理、绿化、公墓性质等方面来考虑。从公墓的性质来看有经营性公墓和公益性公墓之分。经营性公墓是经省级民政部门批准、经市（县）规划、土地工商等部门同意的以盈利为目的的公墓，他的服务对象是城镇和外来人口死亡的人员骨灰安葬。公益性公墓是由县、区民政部门批准的乡村兴办的公墓。这些公墓只能安葬本乡村死亡人员的骨灰，不得对外从事经营性活动。

骨灰安葬。骨灰安葬方式也有不同。骨灰墓：地下修建墓穴，地上立碑；骨灰堂：室内骨灰架存放；骨灰林：将骨灰埋入选择好的树下，做简单标记，是目前国家提倡的骨灰安葬方式。另外，还有骨灰墙、骨灰廊、骨灰亭、海葬、花葬、树葬等方式。

三、丧葬仪式的生命意义

丧葬仪式通过音乐、烦琐的流程，丧服的统一制式等，营造出凝重、悲伤和压抑的气氛，透露着中国人对"礼乐"、孝、家族生命共同体、生命传承、生命永恒的坚守。

丧礼的核心是通过对死者遗体的各种处理仪式，来表达对死者的敬爱之情，同时，也通过丧礼召回死者的亡灵。现在有些地方依然保存着将死者的衣物扔上房屋以便亡灵容易辨识的仪式。葬礼发挥的主要社会功能包括：承认并纪念一个人的去世；为处置死者的遗体提供一个背景；帮助丧亲者重新适应其生活，原来的生活被亲人的死打乱了；它证实在丧亲者与其社群之间存在相互的经济和社会义务。

（一）对生者的生命教育

丧葬仪式把对死亡的恐怖与对逝者的爱戴，以及对他们继续活在家族中的希望结合了起来。通过这些全部家族成员参与的仪式，家族不断得以强化自豪、忠诚和团结的情感。在丧葬仪式上，除了情感的表达，也有对逝者生前事迹的歌功颂德。

丧葬礼仪中临终关怀的内容是现代人必备的一种生命教育。临终关怀是对临终者的一种人性的尊重，让他们感受家人的关怀以及保留生命最后的尊严。临终者才是整个丧葬礼仪的核心所在，不应把礼仪的重心放在死亡后的遗体处理，更要重视亡者临终前生命存有的各项权益。所以，在现代丧礼中更多的是应当鼓励大家重视精神文化层面上的临终安养。

中国人把人世与地下阴间贯通，完全以世上孝敬父祖般的人伦义务，来对待阴间去世的先祖。对死者的丧葬礼仪和祭祀，是尽孝道的最后一个过程。生则养、死则丧，丧毕则祭。子曰："生，事之以礼。死，葬之以礼，祭之以礼。"（《论语·为政》）唯有尽此三道者，才能被人们称为孝子。

（二）对逝者的道德评价和地位标识

丧葬仪式通过出席的人数、丧葬的规格，仿佛对人一生盖棺定论，由此不断教育后代。对那些拥有丰功伟绩，为国家民族做出重要贡献的逝者，仪式浓重，范围广。还有后续的祭奠或祭祀活动。比如，在2020年抗击新冠肺炎疫情过程中，虽然当时由于防疫的需要，无法举行线下的葬礼，但是，线上的葬礼和悼念活动，特别是对抗疫过程中，做出重要贡献的人员的葬礼和悼念活动绵绵不绝，很多是网民自发进行的。

而对生平劣迹斑斑的逝者，可能暴尸街头，引以为耻。比如，现在在杭州的岳王庙，还有秦桧和他夫人的跪像。墓联云：青山有幸埋忠骨，白铁无辜铸佞臣。对逝者的道德评价功能可见一斑。由此，发挥维护道德信仰、群体的凝聚力的作用。

（三）对生者的道德教育

丧葬仪式中的哭灵、守灵强调了生者和逝者之间的社会情感与联系。在家庭发生亲人去世的重大危机时，激发这种社会情感和联系能起到强化整个家庭群体凝聚力的作用。传统丧礼的"慎终追远"理念影响至今最深的就是孝道观。传统的丧葬礼仪从发生开始就离不开"孝"，它是

第十章　生命传承：走向生命的永恒

设置一些繁杂丧葬仪式的根源所在，并且是丧葬礼仪一直延续至今的原因之一。

亲人之死，是我们永远无法补偿的悲痛，这是为人应有之悲伤，这个悲伤的最深层，不只是难觅音容，更是回忆而愧疚，这是道德自我之呈现。从此，对尚存之爱人，表现爱的责任，达到更大人格的实现。由此可以看出，丧葬礼仪事实上更多的是丧葬伦理思想的传承，是道德教育的重要组成部分。

（四）使生者经历死亡教育

对亲属好友来说，死亡引起的极度忧虑、恐怖的情绪，可以通过丧葬礼仪加以调剂，使人们重新调适自己。丧葬礼仪过程中处处都表现着超越死亡和生死人间互助的信条，是一个很好的死亡教育过程。人们在亲历过别人的丧葬仪式之后，对于他自己的死，可能会有所准备，由此可减少对死亡的焦虑和恐惧。

【生命阅读】

《礼记·问丧》中孔门师徒关于死丧的思考和生命实践。

亲始死，鸡斯徒跣，扱上衽，交手哭。恻怛之心，痛疾之意，伤肾干肝焦肺，水浆不入口，三日不举火，故邻里为之糜粥以饮食之。夫悲哀在中，故形变于外也，痛疾在心，故口不甘味，身不安美也。

三日而敛，在床曰尸，在棺曰柩，动尸举柩，哭踊无数。恻怛之心，痛疾之意，悲哀志懑气盛，故袒而踊之，所以动体安心下气也。妇人不宜袒，故发胸击心爵踊，殷殷田田，如坏墙然，悲哀痛疾之至也。故曰："辟踊哭泣，哀以送之。"送形而往，迎精而反也。

其往送也，望望然、汲汲然如有追而弗及也；其反哭也，皇皇然若有求而弗得也。故其往送也如慕，其反也如疑。求而无所得之也，入门而弗见也，上堂又弗见也，入室又弗见也。亡矣丧矣！不可复见已矣！故哭泣辟踊，尽哀而止矣。心怅焉怆焉、惚焉忾焉，心绝志悲而已矣。祭之宗庙，以鬼飨之，徼幸复反也。成圹而归，不敢入处室，居于倚庐，哀亲之在外也；寝苫枕块，哀亲之在土也。故哭泣无时，服勤三年，思慕之心，孝子之志也，人情之实也。

或问曰："死三日而后敛者，何也？"曰："孝子亲死，悲哀志懑，故匍匐而哭之，若将复生然，安可得夺而敛之也。故曰三日而后敛者，以俟其生也。三日而不生，亦不生矣，孝子之心亦益衰矣；家室之计，衣服之具，亦可以成矣；亲戚之远者，亦可以至矣。是故圣人为之断决，以三日为之礼制也。"

或问曰："冠者不肉袒，何也？"曰："冠，至尊也，不居肉袒之体也，故为之免以代之也。然则秃者不免，伛者不袒，跛者不踊，非不悲也；身有锢疾，不可以备礼也。故曰：'丧礼唯哀为主矣。'女子哭泣悲哀，击胸伤心；男子哭泣悲哀，稽颡触地无容，哀之至也。"

或问曰："免者以何为也？"曰："不冠者之所服也。《礼》曰：'童子不缌，唯当室缌，缌者其免也，当室则免而杖矣。"或问曰："杖者何也？"曰："竹、桐一也。故为父苴杖，苴杖，竹也；为母削杖，削杖，桐也。"

或问曰："杖者以何为也？"曰："孝子丧亲，哭泣无数，服勤三年，身病体羸，以杖扶病也。则父在不敢杖矣，尊者在故也；堂上不杖，辟尊者之处也；堂上不趋，示不遽也。此孝子之志也，人情之实也，礼义之经也，非从天降也，非从地出也，人情而已矣。"

【生命训练】

1. 临近期末考试,小明的奶奶突然去世,请问:小明需要请假不参加期末考试,而去参加奶奶的丧葬仪式吗?为什么?

2. 有人认为:现在的殡葬改革是把人的遗体当成垃圾在处理,殡葬部门就是一个"人体垃圾站",它的目的不是维护爱敬之情,不是慎终追远,而是怎么尽快把逝者处理掉。你怎么看待这种观点?

第二节 祭祀礼仪与生命传承

【生命导航】

清明公祭黄帝活动是中华民族的传统盛事,此活动在弘扬中国传统文化的同时也表达了中华儿女对黄帝的缅怀之情。每年清明节清明公祭轩辕黄帝典礼都在陕西省黄陵县黄帝陵前隆重举行,海外华人华侨也相继从海外归国一起共同缅怀中华民族的人文始祖——轩辕黄帝。据载,尧、舜、禹、夏、商、周的建立者,都自认为是黄帝后裔,《国语》《礼记》等诸多典籍都有关于祭祀黄帝的记载,反映了当时人们对黄帝浓厚的追根感恩之情。此后,历朝历代都按照传统继续祭祀黄帝。这是中华民族生命传承的最直接表现。

【生命课堂】

一、中国传统祭祀礼仪

对中国人来说，人死后不仅有"葬礼"，还有"祭礼"。生者祭祀死者，除了对死去亲人的怀念，还认为祭祀会得到死者鬼魂的关照。祭祀有其直接的功利目的，即祈望死者的鬼魂不要滋生事端，而是福荫后人，使子孙后代高官显赫，福寿齐全；祭祀也有其社会和精神意义，祭祀可以证明祭祀者是祖先的合法继承人，一方面，可以作为祖先权力和财产的继承者；另一方面，则可以给自己生命一个安顿，是一种生命精神的联结。所以，中国传统的孝亲观念的世俗化，在死亡祭祀中就表现为对祖宗的崇拜与感激。

祭祀死者的礼仪，从丧葬过程的吊祭就已经开始了。出殡结束后，三年"服丧"期间的祭祀，是最重要的。主要包括"圆坟""做七""百日""周年"，以及节日祭祀。

圆坟。死者安葬后第三天，称为"复三"，又叫"圆坟""暖墓"，一般是死者的长子带领，亲人都要到坟前行圆坟礼，为坟培土，还要烧纸钱、上供品。

做七。从人死后算起，每七天必祭奠一次，称为"做七"或"过七"。其中一七称"头七"，三七又称"散七"，五七、七七又称"满七""断七"或"毕七"，较为重要。"一七"，丧家设灵座，供牌位，举行隆重仪式，受唁开吊。"三七"，死者的子女要拿着香火，到三岔路口呼唤死者，或上坟焚香接引亡灵回家。"五七"，民间认为这一天死者亡灵回家"省亲"，丧家除举行祭奠，还要请僧道诵经，亲友均来吊唁。"七七"，丧家举行隆重祭奠，亲友都来烧纸，或到坟前祭拜。

百日。人死后或安葬一百天后，即"百日"，也是一个隆重的祭供日，又称"百日祭"。到这天，容重孝服的要改穿常孝服，一般人多除去孝服。

周年。一个人死后，其子女要服孝三年，俗称"服三"。满一周年烧纸祭奠，叫"周年"或"烧周年"，古代称为"小祥"。第二个周年叫"大祥"，也要去坟地致祭。满三周年烧纸祭奠，死者的亲友毕至，各带供品、纸扎。三周年过后，死者的子女即可脱去孝服，改换平常衣着。所以三周年又叫"脱服"或"除孝"。按传统的说法，丧葬礼仪至此才算正式结束。

上坟。"服三"之后，对死者的祭奠转入普通的上坟，不再有特殊的忌日。上坟一年大致三次：即清明，举新火；七月十五，尝新谷；十月初一，送寒衣。也有一年五祭的，即除了以上三个节令外，再加上元旦和冬至。借此，家人在悠长的岁月中继续保持着同死者的"联系"，并寄托自己绵长无尽的哀思。其中，清明上坟和冬至上坟，已经发展为独特的民族祭祀文化。

死亡祭祀的祭品主要包括纸钱、香火、食用祭品和象征性祭品。祭祀除了以物质形式表达对死者的纪念外，还有表达对死者怀念的各种祭祀文字，如祭文、诔、哀辞、吊文、悼词、挽帻词、挽联、墓志铭、墓碑文等。

祭文。为祭奠死者而写的哀悼文章，指人死葬后在灵前诵读或是在死者生忌周年或每年忌日的悼念文章，内容主要是颂扬死者生前的业绩功德。古代祭文多用文言文写，用典较多，讲究文辞华丽，并且有一定的格式，分别有祭祖宗文、祭祖父母文、祭父母文、祭夫文、祭妻文等。

诔。是最古的哀悼文形式，是专门用于表彰死者功德并适合于宣读的文体，宣读诔辞是为死者追封谥号的重要环节，多用于上对下。

哀辞。是诔的旁支，是祭祀那些不以寿终的死者的诔文，重点在于抒发祭者内心的哀痛。作者多为死者的亲友或门生故旧，写好之后，一般不在灵前宣读，而是自藏于家，或抄送死者家属或友人，以表哀痛惋惜之意。

吊文。古礼中，吊生为唁，吊死为吊；唁文是用来安慰丧家，吊文才是为了祭悼死者。吊文一般为骚体，和祭文相似，隔句押韵，较少华丽之辞，而多悲凉凄怆之意。

悼词。广义的悼词相当于祭文，狭义的悼词专指在追悼会上对死者表示敬意和悼念的宣读式文章，现代悼词内容包括介绍死者身份、简历，因何病何时逝世，终年多少岁，对死者一生业绩的褒扬，等等。

挽幛词。又称祭幛，用素色的双幅绸或质地较好的布料制成，用以悼念死去的近亲好友。

挽联。祭文的一种，是为表达对死者的祭悼之情而写的对联式文体。挽联在写法上要求对仗工整、含义深切。

墓志铭和墓碑文。墓志铭多刻在石柱或石碑上，内容包括墓中死者的姓名、世系、籍贯、生前官爵、功德事迹、生卒年月日、葬时葬地等，重点在于颂扬死者的功德品行事迹。墓碑文较为简练，仅写明死者称谓、籍贯、生卒年月，以及亲属具名、立碑年月日即可。

二、祭祀礼仪与生命传承

为了建构生者与逝者之间的永续沟通和内在的生命联结，传统中国社会对祭祀和祭礼很重视，甚至超过丧葬本身，也以此回应生命个体追求不朽的渴望与死亡焦虑的冲突。祭祀是在建构真正的生死联结，实现幽明感通和生命的永续。

在亲人的死亡纪念日和清明节或冬至的祭奠场合，通过定时祭祀来使生者和逝者之间的关系稳定化，从而生者对逝者的记忆不会随时间流逝而消退。祭祀之礼被认为是吉礼，因为祭祀场合实际上是家庭团聚的机会，也有助于实现生者与逝者的精神联结。

（一）体悟生命共同体的存在

人类想要实现生命的永恒，又必须面对死亡的离别与哀伤。在这种情况下，不仅从灵魂的观念发展出各种崇拜，最为重要的还是对自我生命的探索。通过祭祀，实实在在将个体生命与家族整体生命之流联结，个体生命成为社会生命网上之结。

丧葬仪式结束后，进行祭祀。祭尽敬，哀和敬是礼节的核心。传统祭祀要"追念先祖"和"崇功报德"，即使是我们从未谋面的亲人，这样做不是使逝者获得益处，而是使生者从实践这些仪式中得到某种人生的体悟。这种仪式有助于培养道德，尤其是子女的孝心、孝道，并且有助于促使支持这些价值观的人类感情更加细致。曾子说："慎终追远，民德归厚矣。"（《论语·学而》）

古代，丧葬去世的父母之后，按照礼制还需守孝三年。这种守孝的期限，在中国古代不论达官贵人还是平头百姓，都要遵守。守孝三年是古代氏族社会遗留的礼俗，一直为后世所遵循。如今民间的服丧人家，头一年过年不串亲，三年内不贴红春联，三年期满才可解除，它体现的就是对亲人的哀思和对先人的追忆。这些文化传统体现了整体生命生生不息的力量。

（二）加强生命共同体的团结

祭祀是礼的传承，礼是对往事的重温与再现。在亲人忌日的时候，我们都会去祭祀，站在墓碑前，我们与逝者隔空对话，这其实也是与逝者进行联结的过程，是一种文化的传承。它与殡葬仪式一样，也能帮助我们抹掉心底的哀伤。祭祀仪式可以实现生者与逝者精神上的交流，"祭神如神在"。而一个人人格的成长和内心的稳定必然呈现于外在的自觉守礼。

从根本上讲，祖先崇拜是一种生存策略，用以对付家庭群体中由于亲密成员的去世而带来的情感崩溃和社群瓦解状况的发生。毫无疑问，在情感上、社会上和经济上生者对逝者有很大程度的依赖，尤其当逝者是顶门立户的成年人时，情况就更是如此。一个人突然离去，不再回来，不仅带来情感上的悲痛，给活着的家庭成员造成精神压力，而且使家人变得迷茫、沮丧、不知所措。通过祭祀先人，实现逝者与生者的生命联结，感受生命共同体的力量，抚慰生者的孤独无依。

（三）实现生命共同体的传承

祭祀仪式表明，去世的祖先在家庭活动中仍占有一席之地，不仅在阴间继续照看家庭成员的一举一动，并以无形的方式保佑家庭幸福和兴旺。有些人甚至会把所获得的幸福和成功都被看作是祖先功业的延续，是祖先荫庇的结果。于是通过祖先崇拜，逝去的先辈作为一种精神源泉始终激励着在世上活着的后人。中国人认同祖先崇拜的价值，并对祖先通过家谱、祭祀等仪式表达着恭敬，在这个过程中，体验着生命的整体感、责任感和神圣感。

在悼念亡故者之时，我们实际上也在清洗着自己的灵魂，使自己的精神得到净化和升华，仿佛让我们也变成了圣徒似的。平常我们都有这样的感觉，去一次殡仪馆告别亡故的亲朋好友之后，似乎一下子把人世间的事情看得透彻了。曾子说："鸟之将死，其鸣也哀；人之将死，其言也善。"(《论语·泰伯》)就悼亡者而言，悼亡之时，其言也善，其魂也洁，那种静肃的氛围一下子就涤荡了私心杂念的污泥浊水。我们从亡者照见自己，并自动地剖析自己，去深刻领悟生命的意义和价值，去思索对死亡的超越，体会生命的不朽和永恒。

（四）返本报始实现生命升华

中华民族是一个十分强调返本报始、慎终追远的民族。中华先民怀着报恩和祈求幸福的心愿，在礼乐文化秩序的背景下，形成了源远流长的祭祀文化传统。我们自古就有所谓吉、凶、军、嘉、宾等"五礼"之说。其中，祭祀之礼属于吉礼。祭祀文化所祭祀的对象，包括天神、地祇、人鬼三大类。但凡关系到民众生活的自然界如天地、日月、风雨、河岳、四季和人类的祖先、圣贤等，均在祭祀之列。

荀子说："礼有三本：天地者，生之本也；先祖者，类之本也；君师者，治之本也。无天地，恶生？无先祖，恶出？无君师，恶治？三者偏亡，焉无安人。故礼，上事天，下事地，尊先祖而隆君师，是礼之三本也。"（《荀子·礼论》）这就是说，当我们认真思考生命的根源时，我们就会认同，"天地"，是宇宙万物生命之本；"祖先"，是个体生命之本；"圣贤"，是文化生命之本。通过祭天地，人的生命乃与宇宙生命相通，而可臻于"万物皆备于我""上下与天地同流"的境界。通过祭祖先，人的生命乃与列祖列宗的生命相通，而可憬悟一己生命之源远流长及其绵延无穷之意义。通过祭圣贤，人的生命乃与民族文化生命相通，而可真切地感受慧命相续、学脉绵延的意义。

中国人对生化万物、覆育万物的"天地"，一个民族或家族的"祖先"，以及立德立功立言的"圣贤"，对此三者而同时加以祭祀，加以崇敬。这种回归生命根源的"报本返始"的精神，确确实实是"孝道伦理"的无限延伸；而其中所充盈洋溢的"崇德""报功"的心情，亦未尝不可视为一种不容其已的"责任感"之流露。

【生命阅读】

巴金：悼鲁迅先生

十月十九日上午，一个不幸的消息从上海的一角传出来，在极短的时间里就传遍了全中国、全世界：鲁迅先生逝世了！

花圈、唁电、挽词、眼泪、哀哭从中国各个地方像洪流一样地汇集到上海来。任何一个小城市的报纸上也发表了哀悼的文章，连最僻远的村镇里也响起了悲痛的哭声。全中国的良心从没有像现在这样地悲痛的。这一个老人，他的一支笔、一颗心做出了那些巨人所不能完成的事业。甚至在他安静地闭上眼睛的时候，他还把成千上万的人牵引到他的身边。不论是亲密的朋友或者深恨的仇敌，都怀着最深的敬意在他的遗体前哀痛地埋下了头。至少，在这一刻全中国的良心是团结在一起的。

我们没有多的言辞来哀悼这么一位伟大的人，因为一切的语言在这个老人的面前都变成了十分渺小；我们不能单单用眼泪来埋葬死者，因为死者是一个至死不屈的英勇战士。但是我们也无法制止悲痛来否认我们的巨大损失；这个老人的逝世使我们失去了一位伟大的导师，青年失去了一个爱护他们的知己朋友，中国人民失去了一个代他们说话的人，中华民族解放运动失去了一个英勇的战士。这个缺额是无法填补的。

第十章　生命传承：走向生命的永恒

鲁迅先生是伟大的。没有人能够否认这样的一句话。然而我们并不想称他做巨星，比他作太阳，因为这样的比喻太抽象了。他并不是我们可望而不可即的自然界的壮观。他从不曾高高地坐在中国青年的头上。一个不识者的简单的信函就可以引起他胸怀的吐露；一个在困苦中的青年的呼吁也会得到他同情的帮忙。在中国没有一个作家像他那样爱护青年的。

然而把这样的一个人单单看作中国文艺界的珍宝是不够的。我们固然珍惜他在文学上的成就，我们也和别的许多人一样以为他的作品可以列入世界不朽的名作之林，但是我们更重视：在民族解放运动中，他是一个伟大的战士；在人类解放运动中，他是十个勇敢的先驱。

鲁迅先生的人格比他的作品更伟大。近二三十年来他的正义的呼声响彻了中国的暗夜，在荆棘遍地的荒野中，他高举着思想的火炬，领导无数的青年向着远远的一线亮光前进。

现在，这样的一个人从中国的地平线上消失了。他的死是全中国人民的一个不可补偿的损失。尤其是在国难加深、民族解放运动炽烈的时候，失去了这样的一个伟大的导师，我们的哀痛不是没有原因的。

别了，鲁迅先生！你说，"忘记我。"没有一个人能够忘记你的。我们不会让你静静地死去。你会活起来，活在我们的心里，活在全中国人民的心里。你活着来看大家怎样继承你的遗志向中华民族解放的道路迈进！

【生命训练】

对于偶然的生,我们没有改变的机会,但是必然会结束的生活——死,却给了我们让生命圆满的机会,因为她让我们有机会为自己的一生告别、向亲友挚爱道爱、为自己的遗憾或失落道歉,请你在兼顾传统和现代的条件下,试着为自己写一个"生前告别式"的计划,并与同学分享。

第三节　生死态度与生命意义

【生命导航】

生命教育是通过对生与死的互观获得生命成长。以生观死,明白生的价值和意义;以死观生,获得生的动力和成长。所以,生命教育、生死教育,最后的落脚点,都是正确的生死态度的建构和生命意义的追寻。

【生命课堂】

一、生死互渗的生死观念

从表面上看,人的"生"与"死"的确完全不同,判然有别;但深思则会发现,"死"并非出现于人生命的终点,处于人生过程的最末尾,

第十章　生命传承：走向生命的永恒

而是渗透于人生的整个过程中的。也就是说，"生"包蕴着"死"，"死"则意味着"新生"，所以，"死"也可说蕴藉着"生"，这即所谓"生死互渗"观。

在人生的过程中，生命有机体每时每刻都在进行新陈代谢，如细胞在不断生长、衰老与死亡，而新的机体又在不断地生成。在每一个活着的人体中，生理上的"生"与"死"实质上是不停地发生着，这是"生死互渗"的生理学意义。

人"活"的过程同时就是"死"的过程，因为人"生"的时间流逝的量，实际上同时就标识着人与"死"接近的量，人"生"一日也就意味着人在社会中"死"去了一天。这也是一种"生"蕴含着"死"的客观事实，它显示出"生死互渗"的哲学意义。

人自觉到"生"的同时，便或迟或早地派生出某种"死亡"意识，这种"死"的观念将或隐或显地伴随人的一生。这可说是"生死互渗"在人类学上的意义。

"生死互渗"是人生中的一种实际存在状态。我们应该理解这一点，把握这一点，并由此出发，"先行到死"，由"死"观"生"。在"生"中学习"死"，在"死"中学习"生"。一个具备合理的死亡观的人，必能常常在思想意识上"先行到死"，站在人生的"终点"来观人生的"中点"；活着的人虽然还没有到达人生的"终点"，但"生死互渗"的实际状态以及提升人生品质的追求，则要求每个生者"先行到死"，由"死"来反观"生"。

当人们从观念上先行一步，立于人生的"终点"，立于生死之界来反观我们的人生时，才能真正察觉自我的生命缺少了什么，在人生中应该去追求什么；而且也会真正明白人生幸福与快乐的真实含义，人生痛苦与悲伤的真谛。由"死"观"生"的结果，可以使人自我定位，使人生活中的一切均具备好坏优劣、美丑是非的价值判断，这就为我们的人生确定了方向、性质和内容。所以，一个人仅仅关注"生"，未必能很好地"生"，只有透悟了"死"，并能立于"死"的视角观察"生"者，才能更好地"活"，在短暂的一生中创造出更大更多的意义与价值，让人生更辉煌。

就人类而言，甚至就一切生命来说，恋生拒死、爱生恶死、趋生避死乃是自然本性。自我保存是自然本性，也是生命赖以发展的前提。因此，就生死态度而言，这是最基本也是最正常的态度。死亡恐惧的普遍性存在也从一个侧面表明了人类的这一基本立场与态度。

二、生死态度的价值选择

作为一种生死态度，是对生与死的价值选择。因此，恋生拒死所恋之"生"是有价值、有意义、有尊严之"生"；所拒之"死"是无价值、无意义、无尊严之"死"，这种死是违背生命内在本质的。但从根本上说，生和死都不完全是由我们自己选择的，尊重生死自身的规律和特点，"顺其自然"地生，"顺其自然"地死，是在生命实践中更加明智的生死态度。

普通人不存在生死问题。在他们看来，人的生死是平常的事情，不值得大惊小怪。这种自然态度表现在对死亡问题上是视而不见，将发生在身边的死亡事件视为日常生活中的正常事件，他不会刻意去思考，而是一如既往在日出而作，日落而息。同时，他们又总与死亡保持一定距离，不会让死亡来影响日常生活，甚至必要的时候他们会采取鸵鸟哲学。活着的时候，我就干这个世界要求我干好的事；等到死亡来临的时候，

| 第十章　生命传承：走向生命的永恒 |

我自然就安息了。持有这种生死态度，最紧要的就是要有一颗"平常心"，它有助于我们把一切都消弭在自己早已习惯的状态中，使自己与所打交道的任何事物既相接触，又保持一定距离，从而能从容不迫地对待像生死这类被某些哲学家和文学家说得十分玄乎的东西。

生与死是生命的两个必然环节和阶段，不是人力所能改动的。要认识到死亡并不是人愿意存在就存在，不愿意存在就不存在的事情，死亡是自然安排好的人的必然结局。最聪明的做法是：知道某件事情是自己改变不了的，便放弃任何努力由它去。既然"生"与"死"二者都是命运，所以要安于"生"而顺从"死"。对生死都能达到安时而处顺，便达到"死生齐一"的境界了。

三、生命意义的追寻建构

当一个人能够从生命的终点"死"回观"生"，并做好随时接受死亡的准备时，他就为自己的生命奠定了基本的意义支撑。

意义是我们生命的支撑点。即使你没有明确考虑过你的生活意义问题，这也不意味着无法区分有意义的生活和无意义的生活。多数人想要拥有有意义的生活，这意味着他们关心自己的生活是不是有价值的生活。几乎没有人想过一种没有意义的生活。意义治疗学的创始人弗兰克尔认为，人们对生命意义的追寻是生活的基本动力，或者说是第一位的动力。他认为，人生在任何情况下都有意义，在面临痛苦、愧疚以及死亡的情况下都要肯定生命的意义。

如何去寻找生命意义呢？生命的真正意义应当发现于世界之中，而不是在人的内心。因为意义本身不过是我们自己生命与世界的联结。

我们可以通过加强心灵修养的方式探寻生命意义。心中时刻充满着希望，始终保持对生命的信仰，这样不仅赋予我们生存的勇气，而且使生命有着不断超越的动力，由此创造出生命的意义和价值。我们需要生活在希望中。因为想象生命是有意义而生活在世界上，我们一定会发现人生的确充满意义。

我们可以在群体中发现生命的意义。奥地利著名心理学家阿德勒认为，生命的意义就在于对同类感兴趣，作为团体的一分子，为人类幸福贡献自己的一分力量。当人在一个群体里，便不会觉得孤单，会从他人那里感受到爱的关怀，感受到力量。中学生可以通过融入集体生活、对他人感兴趣，相互合作，在人际交往和真诚奉献中追寻生命的意义。

同时，学会感恩是我们发现生命意义的重要途径。当我们以感恩的心态面对自己、他人、群体以及社会甚至宇宙万物时，我们就会体验到生命的意义无处不在。这有助于了解生命的意义和价值，有助于珍惜生命、尊重他人。

一个有充分意义感的人，就能够感受到人生和现实世界的价值，就能够体验到人生的快乐和幸福，同时必然是一个积极乐观、心理健康的人。心理健康，就是一个人让自己的心认真聆听精神指导，确立起正确的信念系统，并以此建立起积极向上的人生观，从而领略到人生的充分意义，并努力去实现人生的快乐与幸福。在这个现实的人生过程中，既能够认识到自己作为人的特殊价值和追求，又能够充分适应外在环境，同时利用环境来实现自己的人生目标。一个心理健康的人，不是纠结于错综复杂的"过去"或者漫无目标的"未来"，而是一个既能担待过去又能直面未来，同时充分活在当下的人。

第十章　生命传承：走向生命的永恒

【生命阅读】

　　一个人在地球上的时间必须被限制，才能让我们的种族持续生存下去。人类即使有上苍许多独特的厚爱，也只是像其他动植物一样，是生态系统的一部分。大自然不会去分辨。我们死亡，世界才能继续生存下去。我辈能享受生命的奥秘，乃因为数以兆计的生物，为我们准备了生存之路，并且死去——为我们死去。我们死了，别人才能活下去。单一个体的悲剧，变成大自然事物的平衡，以及生命绵延的胜利。

　　这使得大自然赐给我们的每个小时都愈显珍贵；生命必须是有用而且知回馈的。如果借由我们的工作与娱乐、胜利与失败，我们每个人，对不只是人类，而且对整个大自然的生存进化过程，都有贡献，那么我们在大自然所分配给的时间内建立的尊严，就会借由接受死亡的利他主义而长存。

　　生命本来就散布着痛苦时刻，有些人的生命里甚至还是痛苦居多；但在人生过程中，痛苦的阶段会被平安的时刻与喜乐的时光抚平。然而，在死亡的过程中只有痛苦。短暂的休息与减弱总会过去，随之而来的是复发的折磨。平静与喜乐在解脱时才会来临。以这样的观点来看，死亡之际常有平静，偶尔也有尊严，但死亡的过程鲜有这些。我们在死亡中企求的尊严，必须在我们的生活中去求。可以说，死亡的艺术，就是生的艺术。活着时的诚实与仁慈，乃是我们如何死亡的真正方法。并非在生命的最后几周或几天，我们传达的信息就是以后将被回忆的，后人回忆的将是我们过去所活的几十年。活得有尊严的人，死得也有尊严。

【生命训练】

我们需要将自己人生的有限融入社会发展的无限中，在自己人生的有限中体现社会发展的无限。通过丧葬祭祀仪式，生者在与逝者的生命联结的过程中，感受到社会生命的存在，个体生命的代代相续，事业的接力发展。请拟写一份你给你已经故去的亲人的悼词，要求从亡者照见自己，并自动地剖析自己，去深刻领悟生命的意义和价值，去思索对死亡的超越。

后　记

　　2020年底，浙江传媒学院何仁富教授给我来电说，准备组织一些专家和学者撰写一本基于生死教育为主题的生命教育读本，并请我担任主编。这可能是因为我长期在基础教育一线从事生命教育研究和实践，并对中学生读物有一些了解。得到这个消息后，我非常高兴，并深感荣幸来参与组织这项编写工作。因为，从我个人看来，现在市面上有关生命教育的学生读本不少，但很多都是为了生命教育而讲生命教育，所涉及的领域和内容都是比较常态化的和普遍性的，对于集中融合生命死亡的话题，针对青春期性教育和关注学生心理于一体的生命教育读本还较为少见。编写这样一本读本，可以更加丰富生命教育的内涵，从生命的完整性、全过程性，从出生到死亡，让学生对生命有一个全过程的了解，对死亡有正确认识。这样对学生更加全面了解生命的本真，理解生命的意义有重要作用。从而可以使学生更加珍爱生命，积极有意义地生活，创造自我人生的价值。

　　本书共十个章节，从生命起源到走向生命的永恒，系统全面地阐释了生命的诞生、成长、成熟和死亡过程，详细地探讨了在生命成长、成熟过程中生命的本真、挑战，并给予读者在生命的价值、人生意义、应对人生挑战和正确认识死亡的价值观念上的积极指引，引导广大青少年学生树立积极的生命观念，珍爱生命意识。特别是针对青少年青春期性教育、心理健康教育、挫折教育和死亡教育有着较为全面、深入的阐述。该书既具有理论性，涉及有关生命、死亡等概念的理论阐释，又极具可读性，每个章节中有大量丰富的生命故事和鲜活的生活故事。把生命教育融入一个个故事、案例之中，起到"随风潜入夜，润物细无声"的育人效果。本书可作为中小学生命教育的读本，也可作为大学生生命教育的读物。

　　本书在北京物资学院雷爱民教授、浙江传媒学院何仁富教授的组织下，历经近一年时间终于完稿付印。倾注了雷爱民教授、何仁富教授及全体作者、编辑的心血，在此表达诚挚的谢意。同时，由于对生命教育认识、理解不同，编著者水平有限，我们在编写过程中还有不足，敬请各位读者批评指正！

重庆江北中学　但汉国